だいわ文庫

数字のウソを見破る法

雑学チーム101

大和書房

その「数字」の表わす意味を見極めよう

「日本の完全失業率は5％だそうだ。100人に5人しか失業してないんだから、不況で苦労している人は思ったほど多くないのかも……？」

「日本人の半分ががんになるんだって！　今すぐ酒もタバコもやめて、がん保険に入らなきゃ！」

……こんなふうに、新聞やテレビで報道される数字をそのまま受け止めて、物事を判断したり、評価していないだろうか。

我々は毎日、じつにさまざまな数字を目にしている。お役所の統計だったり、民間企業による調査だったり、その出所はいろいろだが、具体的な数字を示しつつ、「だから○○だ」と結論づけられると、何となく納得できたような気になって、それ以上深く考えないことが多い。

ところがこういった数字には、かならず「定義」や「前提」、「条件」などが存在する。数字を発表する側は、自分達にとって都合の良い結論を導き出すために、「数字の根拠」をあいまいにする場合もある。そのあたりを見誤って、素直に信じてしまうと、思わぬ失敗や取り越し苦労をすることになりかねない。

冒頭に挙げたのは、そんな「素直さ」から発生した、よくある誤解や思い込みの一例だ。

「完全失業者」の定義は複雑で、我々が思い浮かべるような「失業状態」は統計に含まれていない。つまり不況の影響は、もっと深刻なのだ。

がんは確かに日本人の三大死因のひとつだが、日本人の半数以上は、80歳までがんとは無縁だ。これはちょっとした朗報ではないだろうか？

このように「数字」というのは、見方によってはまったく異なる姿が現れることがある。それが「数字のカラクリ」だ。本書では、その数字が果たして何を表しているのかを、できるかぎりあきらかにしようと試みたものだ。

グラフや表なども多数掲載したので、本書の解説だけでなく、自分の目でも確認してほしい。思わぬ発見があるかもしれない。

また、「カラクリ」の方法や目的は多種多様だ。行政の保身目的から企業の売り上げアップをねらったものまで、本書ではさまざまなケースを紹介している。ページを読み進めるうちに、バラエティーに富んだ「カラクリ」のケースが見えてくるだろう。そして、その数字の持つ意味や読み取り方のコツも、わかってくるはずだ。

「情報化社会」と言われるようになって久しいが、あふれんばかりの情報が、かえって自分で判断することを難しくしている。気づかぬうちに情報発信者の思惑通りに踊らされていた、というのではあまりにも情けない。インターネットなどでますます高度に、そして複雑化する情報化社会で上手く立ち回るためにも、本書を役立てていただければ幸いだ。

目次

2章 条件付きで「操作できる数字」

3章 0という数字はゼロではない!?

5章 知っておきたい「意味を持つ数字」の読み方

6章 通説の数字のウラ側

1章
ニュースで使われる「数字のカラクリ」

みんな本当に1657万円も貯金しているの？

格差社会に平均は無意味!?

総務省の２０１０年度の「家計調査」によると、一世帯当たりの平均貯蓄額はなんと１６５７万円！　ほとんどの人が「うちは平均以下、しかもかなり下！」と愕然《がくぜん》とするに違いない。しかし心配には及ばない。「一世帯当たり」と「平均」という言葉には、いろいろカラクリがあるのだ。

この平均値は、世帯人員が「二人以上」の世帯を対象にして集計したもの。貯蓄額が少ないであろう単身者は含まれておらず、会社をリタイヤして退職金を手にしたシニア世帯は含まれている。

また**「貯蓄」というのは預貯金だけでなく、生命保険や有価証券などをひっくるめたものを指す。**その結果、**一部の大金持ちが平均値を押し上げているの**

である。

グラフを見ると、「100万円未満」が一番多く、全体の1割以上を占めている。そして実に**60%以上の世帯が、平均値の「1657万円」に満たない**ことがわかる。しかし4000万円以上、中には億単位の貯蓄がある世帯が10%ほど存在するため、「平均値」が庶民感覚からずれてしまうのだ。

左右対称の山型グラフの場合は、山の頂点と平均値がリンクするが、こういう偏ったグラフの場合は、平均値を見てもあまり意味はない。それよりも、額が多い順から並べて、**ちょうど真ん中の値（中央値）が、より実感に近い数字になる。**このグラフの中央値は「995万円」。確かに身近になってきた。

さらに現役で働いている勤労者世帯（単身者は除く）に限って平均をとってみるとどうなるか。額はぐっと下がって「1244万円」。中央値は「743万円」だ。ようやくホッとできる数字が登場したのではないだろうか。

2割を占める「預金ゼロ世帯」

それでは負債のほうはどうなっているのだろうか。二人以上世帯の一世帯当たりの平均値は「489万円」。勤労者世帯だけに限ると「679万円」だ。どちらも土地や建物に関する負債が約90％を占めている。貯蓄額とは逆に、住宅ローンなどを抱えている勤労者世帯が平均値を上げているようだ。また、年齢別に見てみると、40歳代の勤労者世帯が「950万円」で最も高額だった。勤労者世帯の貯蓄額の中央値より大きい金額だ。ローンを払いながら一般水準並みの貯蓄をするのは至難の業である。働き盛りのお父さんは大変だ。

さて、最後にもうひとつ、興味深い数字を。金融広報中央委員会でも家計についての世論調査を行っているが、それによると**二人以上世帯で「金融資産を保有しない」、つまり「貯蓄ゼロ」の世帯は、全体の2割程度**になるそうだ。この割合はここ数年、変化がないという。これを先ほどの総務省のグラフと照らし合わせてみると、「100万円未満」の11・3％よりも多いことになる。

ということは、現在の日本では貯蓄のない世帯が一番多いわけだ。同委員会の2010年度の世論調査では、**貯蓄ゼロ世帯を含めた「金融資産保有額」は、平均値が「1169万円」、中央値は「500万円」**だった。「平均」という数字は、とり方によってまったく違うものになるのだ。

平均貯蓄額と負債額

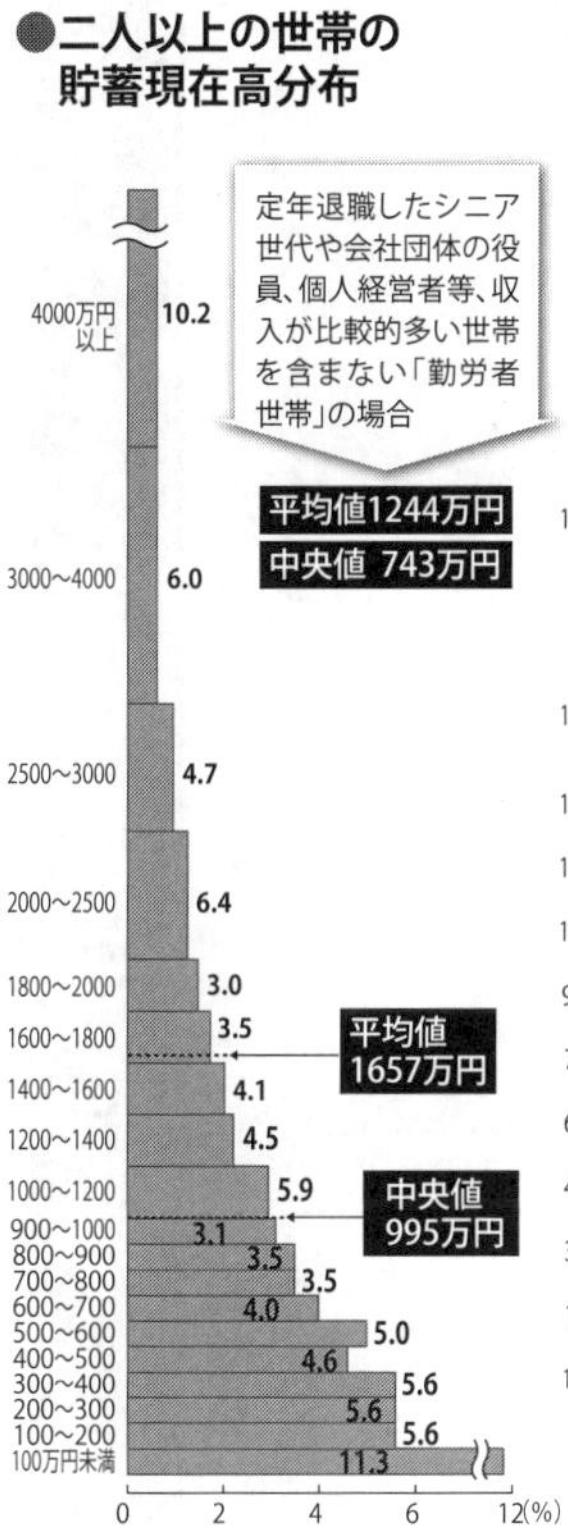

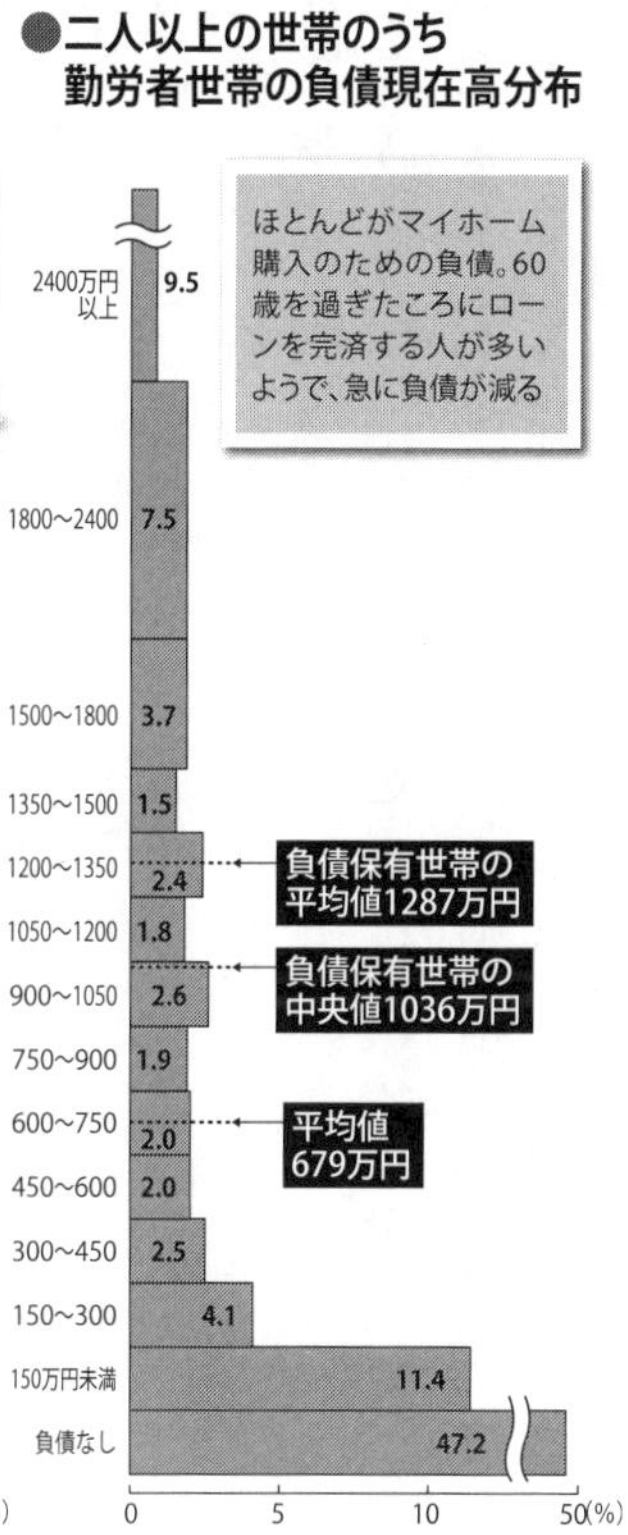

（出典：総務省「平成22年家計調査」）

「視聴率1%で100万人が視聴」って本当？

関東ではわずか600世帯が人気番組を決めている！

テレビ業界では、熾烈《しれつ》な視聴率競争が繰り広げられていることはよく知られている。視聴率獲得のための捏造《ねつぞう》や〝やらせ〟が発覚し、問題になることもしばしばだ。

一般視聴者にとっても視聴率は身近な存在だ。「視聴率1%で100万人が見たことになるらしい」「ドラマの合格ラインは15%以上らしい」などと、いろいろなうわさが飛び交っている。

視聴率の高い番組はそれだけ視聴者に支持されているということで、スポンサーからの広告収入に大きな影響を与える。一日の合計視聴率が数%違えば億単位の差が出るとも言われ、テレビ局にとっては死活問題だ。コンマ数%に目の色を変えるような、視聴率至上主義にならざるを得ないのもうなずける。

日本のテレビの視聴率を調べているのは、ビデオリサーチという民間企業。全国を27の地区に分け、各地区ごとの視聴率を集計している。しかし、**スポーツ新聞などで「瞬間視聴率○%」などと華々しく報道される数字は、たいてい「関東地区」のもの**。これが日本全国の視聴率というわけではなく、地域によって差が出る数字だということを、まず押さえておこう。

調査方法はいわゆるサンプリング調査で、調査対象世帯はランダムに選ばれる。サンプル数は、関東、関西、名古屋地区などの**大型エリアでは600世帯、その他は200世帯だそうだ**。「少なすぎる！」と驚いたのではないだろうか。確かに関東地区で計算すると、およそ3万世帯に1世帯という割合でしかない。

しかし統計学上、この程度のサンプルで問題はないという。統計学では、誤差が＋－5％以内であれば、十分に信頼できるデータだとみなされるからだ。視聴率の場合、50％なら誤差は＋－4・1％、10％なら＋－2・4％となる。

つまり、「視聴率には誤差がつきもの」ということだ。コンマ数％の違いは誤差のうち。気にしても仕方ないのだ。

関東地区でも視聴率1％は約17万8000世帯

具体的な調査の方法は、調査対象世帯のテレビに特殊な測定器を設置して、視聴データを収集するというもの。

大型エリアでは、家族ひとりひとりの個人視聴も測定できるシステムを採用しているが、一般的なのは世帯視聴率だ。テレビをつければ「視聴した」とカウントされるので、家族そろって観ていようが、無人の部屋でつけっ放しにしていようが、測定器には区別がつかない。

このように**視聴率は、一定地域内における「世帯」の割合なのだが、日本の全人口中の割合と勘違いされがちだ**。だから「1％で100万人」という途方もない数字も出てくる。しかし実際は、各地区のテレビ所有総世帯から「視聴率1％」の世帯数を計算すると、関東地区は約17万7000世帯、関西地区では約7万1000世帯である。

視聴率はあくまで「どのくらいの世帯や人々が見てるか」という一つの指標であり、番組の良し悪しを測るものではないということを心に留めよう。

視聴率(世帯視聴率)はどのように計算されているのか

例)5世帯を調査対象と仮定した場合の、ある時間帯の視聴率

TV パソコン	視聴状況	TV視聴	局のカウント数
A家	①局 ④局	○	①局:1/④局:1
B家	②局	○	②局:1
C家	③局 OFF ③局	○	③局:1
D家	OFF OFF	×	ー
E家	②局 ①局 ①局	○	①局:1/②局:1

同じ局を複数のTVで見ていても「世帯ごと」のカウントでは「1」になる

総世帯視聴率(HUT)

$$\frac{\text{TVを視聴した世帯}}{\text{総世帯}} = \frac{4}{5} = 80\%$$

各局視聴率

$$①局 = \frac{2世帯}{5世帯} = 40\%$$

$$②局 = \frac{2世帯}{5世帯} = 40\%$$

$$③局 = \frac{1世帯}{5世帯} = 20\%$$

$$④局 = \frac{1世帯}{5世帯} = 20\%$$

石油が「もうすぐなくなる」ってずっと言ってない？

年々増える埋蔵量

石油や石炭などの地下資源は、使い続けていればいつかは枯渇する限りある資源だ。特に主要エネルギーとも言える石油を、もしこのまま使い切ってしまったら、世界経済も我々の生活も立ち行かなくなってしまうことだろう。

国際エネルギー機関（IEA）によると、原油の生産量は2006年にすでにピークを迎えたそうだ。一日に最高7000万バレルあった生産量が、今後25年の間に2000万バレルまで大幅に減少するという。また、**イギリスの石油メジャーBPの試算では、原油を採掘できる年数（可採年数）は、あと46・2年（2010年現在）。**

あまりに切羽詰まった状況に驚いたかもしれないが、今から45年後に、石油がこの世からなくなるという意味ではないのでご安心を。

実は**2000万バレルまで落ち込むのは、既存の油田からの生産量**だ。地中深く眠る油田はなかなか見つけることができず、地球上にはまだ手付かずの鉱床が数多く存在していると考えられている。そして、確かにそこに油田があると確認はされているものの、技術的・経済的な障害にはばまれて開発できていない鉱床もある。そんな障害をクリアすれば、採掘できるであろう原油の量を合計したものが、いわゆる「埋蔵量」(正確には「確認埋蔵量」)だ。**IEAは新たな油田の発見や開発で、今後も石油の生産量は現状を維持できると考えている。**

増え続ける需要に対応できない？

その一方で、IEAの予測は楽観的すぎるという批判もある。既存の油田が枯渇しつつあるのは事実だし、新興国の経済発展などを考慮すれば、石油需要は今後もますます増加するはずだ。一説によると2030年までには、現在の生産量を維持しつつ、一日につき3500万バレルの新規の供給が必要だという。イランやイラクなど湾岸地域には増産が期待できる産油国もあることはあるが、なにぶん政情が不安定で、なかなか手が出せない。

扱いが難しくて今まで敬遠されてきた重油の利用に本腰を入れようとする動きもあり、やはり増え続ける需要に対応するのは、そろそろ厳しくなってきているのかもしれない。

しかし「石油はもうすぐ底をつく」などと公表すれば、原油価格が高騰し、金融市場は大混乱に陥るだろう。そういう事態を防ぐために、IEAは石油供給量の見通しを水増しして報告しているのでは、という声もあるほどだ。

日本はもともと資源の少ない国なので、石油に限らず、エネルギー資源のほとんどを輸入に頼っている。

1970年代のオイルショックを教訓に石油依存から脱却しようと努力してきたが、それでも2008年には15億3000万バレルも輸入している。可採年数や世界情勢などに左右されず、より安定したエネルギー源の確保は、日本にとって悲願と言える。だから原子力の導入拡大を……という道をたどってきたのだが、それはまた別の議論が必要なようだ。

石油埋蔵量と生産量、可採年数の推移（世界）

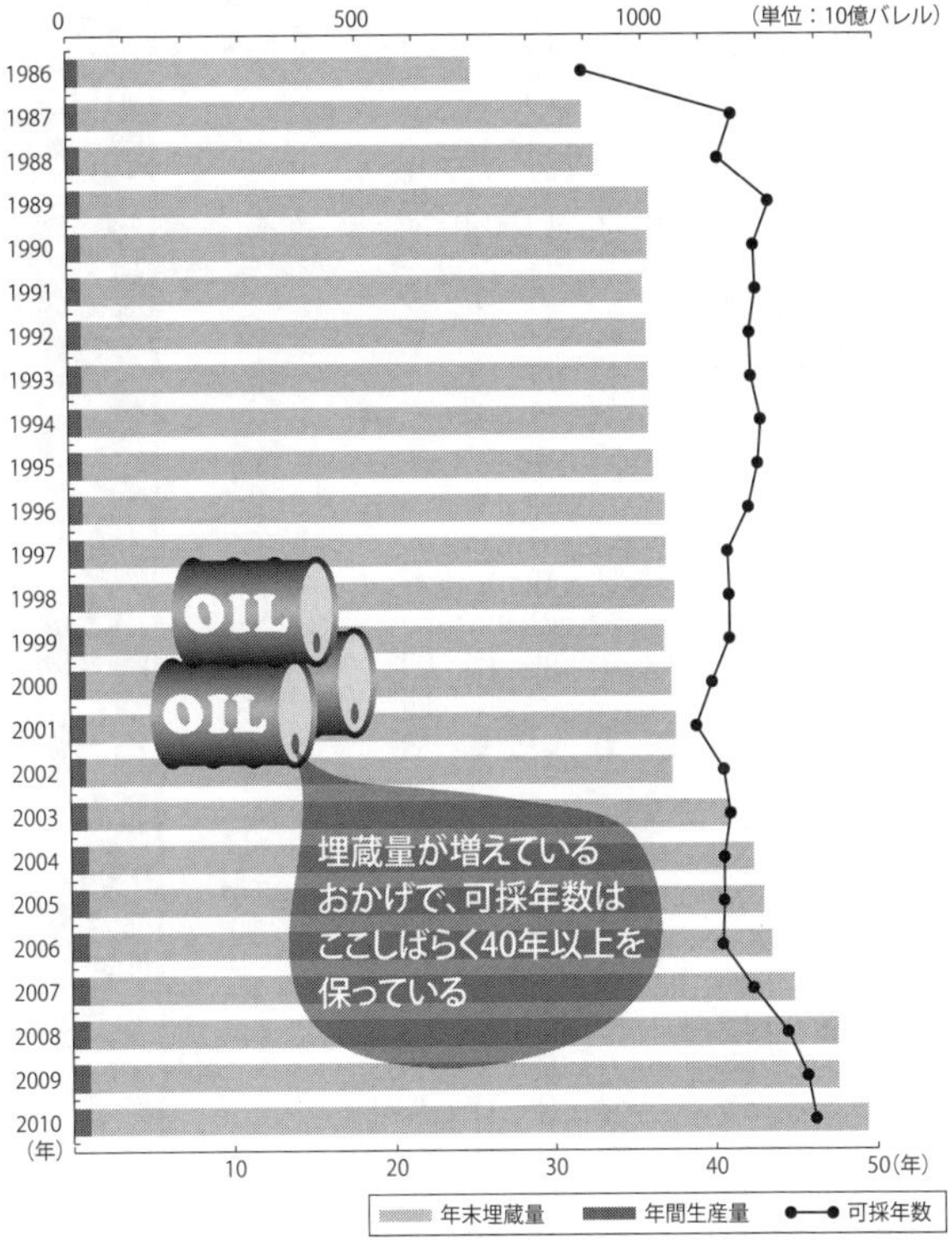

（出典：JX日鉱日石エネルギー「石油便覧」、BP"Statistical Review of World Energy June 2011"）

ドイツW杯で「経済効果4700億円」てどういうこと？

「風が吹けば桶屋が……」方式のあやしい数字

ワールドカップなどのビッグイベントの開催や、何か大きなブームが起こると、必ず話題になるのが「経済効果」だ。出てくる数字といえば1000億、1000億は当たり前。2005年の愛知万博にいたっては、7兆7000億円というから驚く。ずいぶん景気のいい話だが、そんな恩恵を受けた覚えはないという人も多いのではないか。

「経済効果」というのは、そのイベントなりブームなりが、地域経済や日本経済に与える影響を金額で表したものだ。例えばスポーツイベントなら、スタジアムの建設費や観戦客が落としていくお金などが地域経済を活性化させることはすぐに想像できる。しかし「経済効果」はそれだけに留まらず、もっと広く間接的な影響も計算に入れていく。「イベント会場新設→建設資材の大量発注→生産業者フル稼働→電気などの使用量増加→エネルギー関連会社が潤う」「建設現場での雇用拡大→労働者の収入アップ→レジャーなど消費が拡大する」「自宅でテレビ観戦→ピザなどのデリバリー業界の売り上げが伸びる」……というように、ほとんど「風が吹けば桶屋が儲かる」的な発想で、**影響がありそうな要素を片端からピックアップして試算していくわけだ。**

2006年のW杯ドイツ大会では、日本での経済効果は4700億円以上期待できるといわれた。薄型テレビなどデジタル家電の購入費は約931億円、自宅飲食費は約262億円で試算している。はたして本当にそれだけの効果があったのかどうか、実際のところは不明だ。経済効果はそのイベントを成功させたい行政機関やシンクタンクが、景気づけのために打ち上げる花火のようなもの。イベント終了後に改めて検証されることは少ない。

しかし、NHK大河ドラマ「龍馬伝」による高知への経済効果は、日銀高知支店による試算では放送前は234億円だったが、ふたを開けてみればその2・3倍の535億円！ そんなうれしい誤算もときにはあるようだ。

開票率1%で当確なのはナゼ?

出口調査でウソをつく人はいないのか?

テレビの選挙特番を観ていると、開票率わずか1%で「当選確実」となる候補者もめずらしくない。それどころか開票開始とほぼ同時に「当確」が出るケースもあって、「あとでひっくり返ったりしたらどうするんだろう」と、ついいらぬ心配をしてしまったりする。

「当確」の決め手は、事前の世論調査と、当日の出口調査にある。

事前調査は、全国から無作為に選んだ有権者に電話をかけ、投票をする予定の候補者や政党を尋ねるというもの。ある民放キー局では、選挙一週間前に二万人もの有権者に電話をするという。この時点ではまだ、大まかな情勢がわかるだけだが、有力な候補者がいれば、ある程度の当落の見当はつくようだ。もちろん、候補者の支持団体への取材や、過去の実勢の分析なども欠かせない。

そして**もっとも重要なのは、選挙当日の出口調査。文字通り、各地の投票所の出口にスタッフを配置し、投票を済ませた有権者に聞き取り調査を行う。**テレビ局や通信社、新聞社などがチームを組んで行う大掛かりなもので、選挙速報が全社ほぼ同時に出るのはこのせいだ。激戦が予想される選挙区では、各報道機関が独自にスタッフを追加して、さらに詳しく調査する。ここが腕のみせどころだ。ライバル社より早く速報を流そうとしのぎをけずるのである。

こうして入手したさまざまなデータを選挙速報専用のコンピュータに入力し、当確を見極める。ごくまれに誤報もあるが、5％程度の開票と出口調査の結果で、かなりの精度で当確が出せるという。

以前、ネットの掲示板で、「出口調査の時に、実際は投票していない候補者の名前を挙げたらおもしろいことになるのでは」との呼びかけがあった。どれだけ賛同者がいたかは不明だが、特に誤報が増えたという報道もないので、情報かく乱は失敗に終わったようだ。長年積み上げてきたノウハウは、少々の小細工では揺るがないということだろう。

週に一回1時間働いたら失業者にならない？

失業率5％のワケとは？

景気の低迷が続き、「働きたくても仕事がない」という声をよく聞く。総務省の調べによれば、2010年の平均完全失業率は5・1％。労働力人口の20人にひとりが失業していることになり、確かに事態は深刻だ。ところが現状はもっと大変なことになっており、こんな数字ではまだ甘いようなのだ。

総務省によれば「完全失業率」とは、「労働力人口に占める完全失業者の割合」のこと。一見、ごく当たり前の定義だが、問題は「労働力人口」と「完全失業者」の定義のほうにある。

この調査の「労働力人口」とは、15歳以上で、何らかの仕事についている「就業者」と休業者、「完全失業者」を足した人数。調査期間中（わずか一週間！）

に収入を伴う仕事を1時間以上した人なら、すべて「就業者」に含まれる。

リストラされ、本人は再就職活動中の失業者のつもりでも、たまに日雇い派遣で働けば「就業者」となる。学生や専業主婦、高齢者などは「非労働力人口」として除外されるが、例えば週に一度、新聞配達のアルバイトをしている高校生などは、立派な「労働力」で「就業者」だ。つまり、その仕事で生活が成り立っているかどうかは関係ない。分母の労働力人口は大きくなるばかりだ。

逆に**「完全失業者」と認めて（？）もらうには、3つの条件をクリアしなくてはならない。まず、①仕事がなくて、調査期間中に一度も仕事をしなかったが、②仕事があれば、すぐに就くことができ、さらに、③調査期間中に仕事を探す活動や事業を始める準備をしていた人**、である。やる気満々で仕事探しに奔走している人しか、「労働力」の中の「失業者」とは呼べないということだ。

就職難で仕事探しをあきらめた人、再就職に備えて資格取得の学校に通っている人、病気などで退職し、一時的に働けなくなった人も「非労働力人口」のほうに分けられ、失業率には反映されない。これでは分子の「完全失業者」の数が、世間の感覚から大いにずれていてもおかしくない。

統計から外される隠れ失業者とニート

総務省の統計では見えてこないが、「隠れ失業者」と呼ばれる存在も深刻だ。国は経済対策のひとつとして、雇用維持が難しくなった企業に雇用調整助成金を支給しており、2010年には申請対象者数が約1550万人にのぼった。助成金がなければこの中の何割かは完全失業者になっていた可能性もある。

リーマンショック以降、世界的に不況が続いており、アメリカの完全失業率は9・5％前後という高い水準だ。それに比べれば日本はまだましに思えるが、**若年層（15歳~24歳）に限って言えば9％を突破**して、すでにアメリカ並み。働く気満々の若者でも、10人に1人は職につけないありさまだ。15歳から34歳の、働く気のない「若年無業者」、いわゆるニートは約33万人。彼らがたとえ働く気になったとしても、受け皿はないと見た方がよい。

「就業者」の就業時間や収入にもう少し規定を加えてふるいにかけ、「失業者」の条件をゆるめて隠れ失業者やニートも加えたとしたら、「失業率」はいったいどんな数字になるだろう。現実はお役所の統計よりもずっと深刻なようだ。

労働力人口と非労働力人口の状況

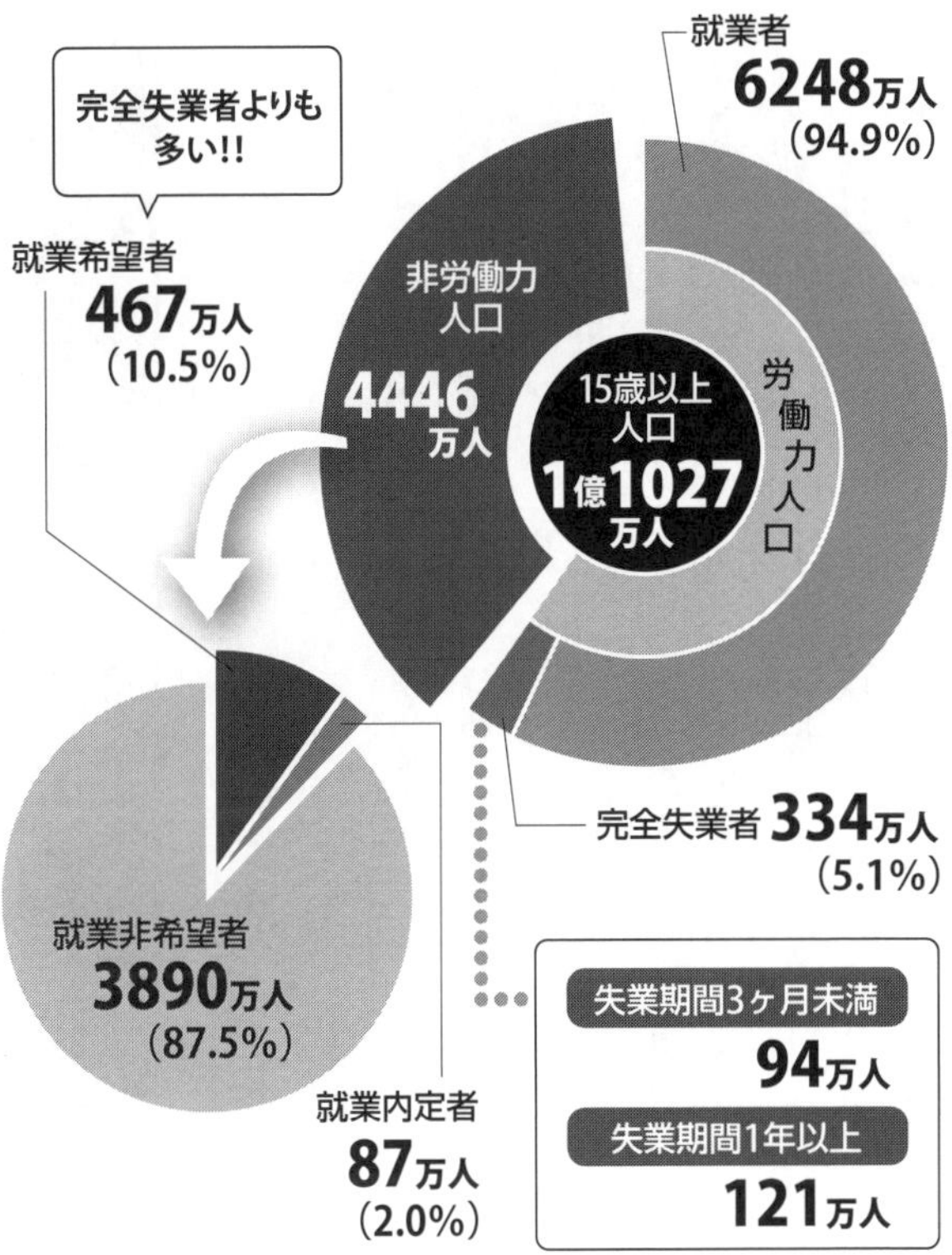

(出典：総務省統計局「労働力調査(詳細集計)」平成22年平均〈速報〉)

「車間距離40m」で渋滞がなくなる!?

上り坂やトンネルに注意！

年末年始や行楽シーズンに必ず話題になる交通渋滞。ドライバー泣かせの「渋滞」だが、**道路によって定義が異なる**ことはあまり意識されていないかもしれない。

東名高速道路や中央自動車道などを管轄《かんかつ》するNEXCO（旧日本道路公団）では、**「時速40㎞以下で低速走行、あるいは停止発進を繰り返す車列が1㎞以上、かつ15分以上継続した状態」**としている。首都高速道路では**「時速20㎞以下」**のとき、阪神高速道路では**「おおむね時速30㎞以下」**のときだ。

交通情報を提供する（財）日本道路交通情報センター（JARTIC）は、**郊外部の高速道路では「時速40㎞以下」、都市部の高速道路では「時速20㎞以下」**、

一般道路では「時速10㎞以下」での運転を「渋滞」と表現している。これより時速10～20㎞速い場合は「混雑」と呼ばれる。

実は、「渋滞」は人にストレスを与えるだけでなく、大きな損失も生み出している。ひとつは**「渋滞損失時間」**だ。**渋滞によってどれだけ時間的なロスがあったかを表すもの**で、国土交通省の資料によると、2009年度には**国民一人当たり、年間約40時間**にもなるという。国民全員が1日半以上、車の中でイライラしていた計算だ。さらに**この損失時間を経済的な価値に変換したものが「渋滞損失額」。その額なんと、全国で年間約11兆円**だ。

その他にもノロノロ運転はCO_2の排出量を増やし、大気汚染の原因にもなる。時速15㎞から30㎞に速度を上げただけで、CO_2の排出量は30％も減少するそうだ。さらに、東京都の場合、渋滞をさけた抜け道での事故は、他の生活道路に比べて約5倍も多かったところもあるという。

車間距離40mなら渋滞は起きない？

そもそも渋滞というのは、車の流れのバランスが、何らかの理由で崩れると発生する。当然ながら、車が集中することが一番の原因だ。事故や道路工事などで車線が狭くなると、車は一気に団子状態になる。そのため、自動料金収受システム（ＥＴＣ）搭載車の増加などで、料金所での渋滞がかなり緩和されたのはありがたいことだ。

しかし、その他の要因として、ドライバーの心理が影響することもある。**最近注目されているのが「緩い上り坂」だ。**坂道に入ったことにドライバーが気づかず、アクセルを踏むタイミングが遅れてしまう。すると後続車も減速せざるを得なくなり、渋滞を起こしてしまうのだ。

トンネルのように風景が変化しにくい場所でも、ドライバーがスピードの感覚を見失って不安になり、ついブレーキを踏んでしまい、それが原因になることもある。

都市部のような過密な道路状況では、たった1台の不用意なブレーキや減速が大渋滞を招きかねない。『渋滞学』の著者・西成活裕東京大学教授によると、高速道路の場合、40ｍの車間距離を保っていれば渋滞は起きなくなるそうだ。ドライバーの皆さんには心がけてほしいところだ。

「渋滞」の定義

●会社により異なる？　主な道路の「渋滞」の定義

NEXCO	東北・関越・東名阪・中央・山陽・中国道等高速道路	・時速40km以下で低速走行 または ・停止発進を繰り返す車列が1km以上＋15分以上継続	
	東京外環道	時速20km以下	
	京葉道路	時速25km以下	
首都高速道路（株）	首都高	時速20km以下	
阪神高速道路（株）	阪神高速	おおむね時速30km以下	
㈶日本道路交通情報センター	高速道路	時速40km以下	
	都市高速道路	時速20km以下	〈混雑〉時速20〜40km
	一般道路	時速10km以下	〈混雑〉時速10〜20km

●渋滞によって1年間にどれだけ損失しているか（2009年度）

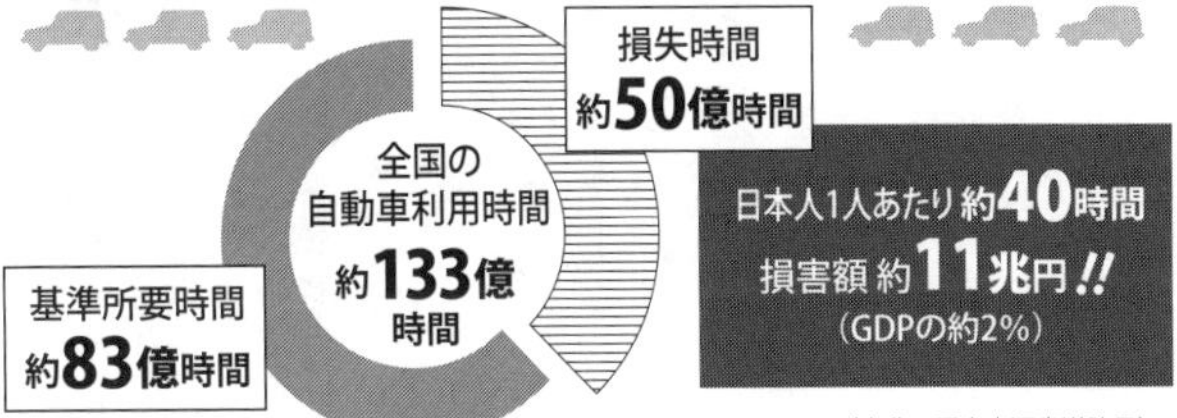

（出典：国土交通省道路局）

日本の軍事費が世界トップクラスの謎

予算の４割以上が人件費！

ご存知のように、日本は憲法で「軍隊」を持つことを禁止されている。だから自衛隊はあくまでも専守防衛のための組織なのだが、最新鋭の戦闘機や戦車でがっちり武装しているのは事実だ。毎年、「防衛関係費」として巨額の予算が組まれており、いくら「自衛」だの「防衛」だのと言葉を変えても、海外から見ればれっきとした「軍隊」のための「軍事費」である。スウェーデンのストックホルム国際平和研究所によれば、**２０１０年度の日本の「軍事費」は５４５億ドル（４・７兆円）で世界６位！** ちなみに、１９９５年から２００３年までの９年間は、アメリカに次いでナンバー２の地位を守っていた。

日本が保有している戦力は、実用戦闘機Ｆ‐15「イーグル」２０２機、艦艇

143隻、戦車約800両などなど。総兵力(自衛隊員)は約23万人だ。「どうして戦闘機や戦車がそんなにあるの⁉」と、一般的な日本人の感覚からすると、ちょっと驚くような数字だ。「どこかと戦争でもするつもりか」と勘ぐりたくなるかもしれないが、専門家によれば、この程度の戦力ではまともな(?)戦争はできないらしい。というのも、日本には核兵器はもちろん、大陸間弾道ミサイルや大型爆撃機、航空母艦などの大型兵器がないからだ。つまり、**相手国にダメージを与えるような兵器は持っていないのである。**

諸外国と比較すると、その差がもっとハッキリ見えてくる。多いと感じた戦車は、韓国の約2400両に比べたら3分の1、陸上兵士も中国は160万人で日本の10倍以上だ。航空兵力は北朝鮮にさえかなわない。日本の戦力は、攻め込まれたら何とか食い止めて、アメリカなどの同盟国からの助けを待つ、というレベル。やはり主眼は「防衛」にあることは間違いないようだ。

在日米軍関係の経費は年間約5000億円⁉

では、なぜ巨額な軍事費が必要なのだろうか。平成23年版の防衛白書によれば、**予算の約45％は人件・糧食費**だという。東日本大震災など災害時の自衛隊員の活躍を考えれば、少々高給取りでも、誰も文句は言えないだろう。

残りの約55％は「物件費」と言って、艦船や航空機の購入や研究開発費、施設の維持費などが含まれる。あまり知られていないようだが、日本にも軍需関連の企業は存在する。小銃や装甲車両などを作っているのだが、国産品はとにかく高価だそうだ。軍事ジャーナリスト・清谷信一氏の著書『防衛破綻』によると、日本製の自衛隊用の小銃は、アメリカのライフルの4～5倍するという。主力戦車の価格は他国の2倍強。兵器技術は機密扱いなので、新規参入は難しい。軍需関連企業に流れる金は、毎年およそ1兆円に上るとも言われている。

ちなみに「基地対策等経費」として防衛省関係予算が約3600億円、米軍再編関係経費として1161億円など、在日米軍関係経費約4900億円の予算が組まれている。米軍は世界一の軍事力で、日本の周辺ににらみをきかせてくれる頼もしい存在とはいえ、この金額が妥当か首を傾げざるを得ない。

世界6位の軍事費を、どうも無駄なところにばかり使っているような気がする。我々の血税なのだから、真の「防衛大国」になってほしいものである。

日本の防衛費

●軍事費の国際比較（2010年）

※中国、ロシア、ドイツ、イタリアは推定値
（出典：SIPRI Military Expenditure Data 2010）

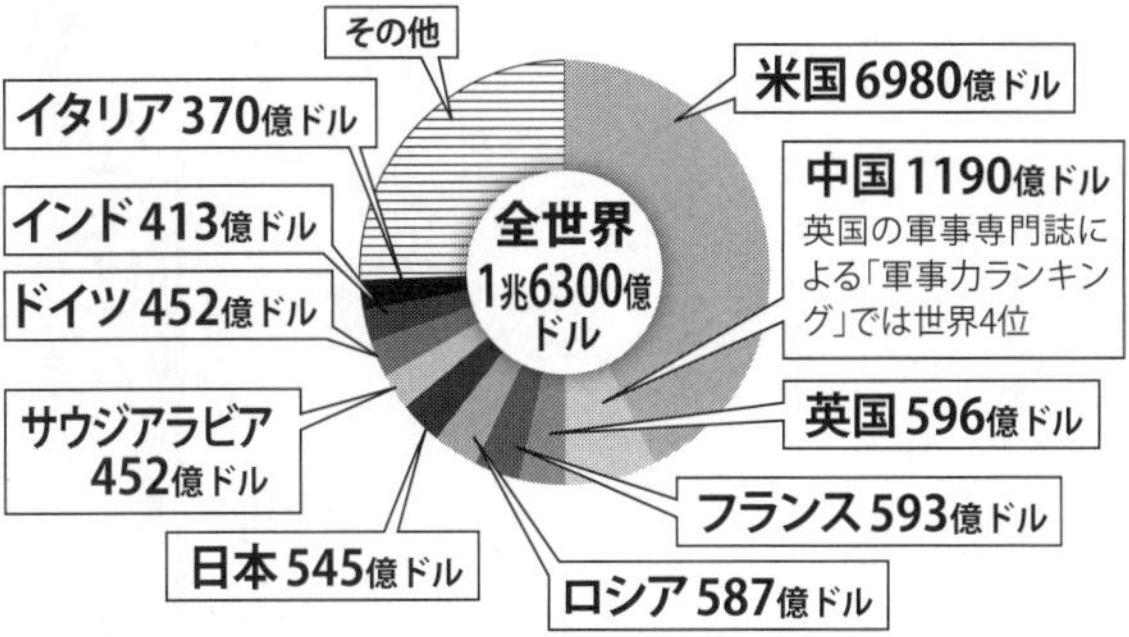

●主要国の兵力比較（概数）

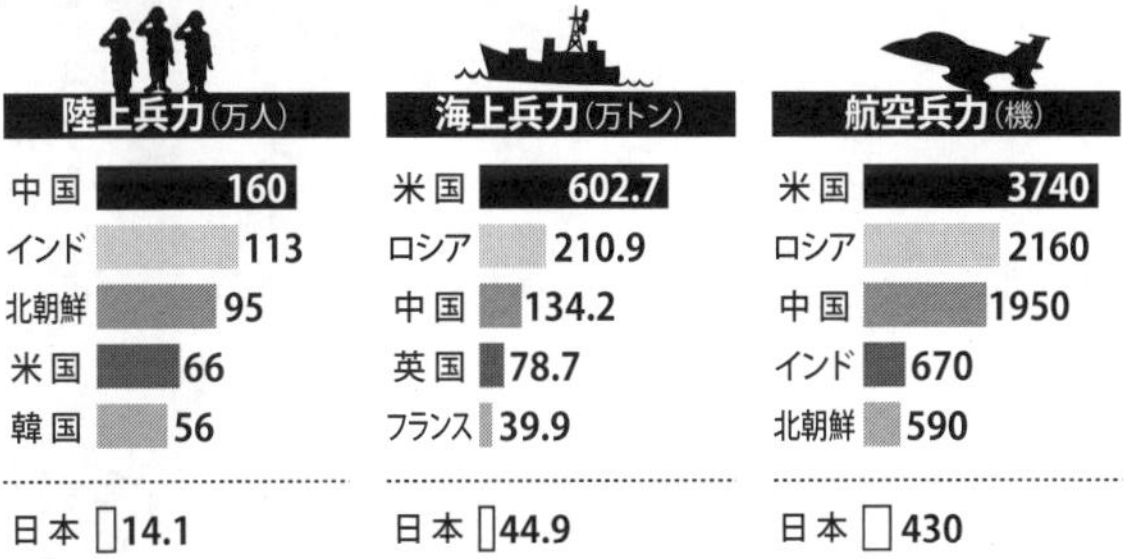

戦力には大きな差があるが日本の兵器は「量より質」。ハイテクを駆使した高性能が自慢だそうだ

（出典：防衛省「平成22年版防衛白書」）

気候の変化で日本も「水」が不足する？

世界ランクではなんと98位の水資源

「水と安全はタダだと思っている」というのは、日本人を揶揄《やゆ》するときによく使われるフレーズだ。確かに水はいつでも飲めるし、毎日入浴もする。川の流れは豊かで、雨の日も多い。島国だから周囲をぐるりと海に囲まれている。水はあって当然のものだ。環境のために節水を心がけてはいても、地球規模の水問題となると、どこか他人事ではないだろうか。

ところが意外にも、日本の水資源は、世界の基準に比べると「豊か」とは言えないのである。

まず「降水量」から見てみよう。日本の1年間の降水平均量は1690㎜。世界の平均が810㎜なので、雨はよく降るようだ。しかし、降ってきた雨はすべて水資源として使えるわけではない。日本の場合、降水量の36％は大気中に蒸発してしまうので、**利用可能な水資源（水資源賦存量《みずしげんふそんりょう》という）は国民一人当たり約３２００㎥。これは世界平均である約８４００㎥の２分の１以下で、世界１７７カ国中、98番目の量だ。**世界レベルでは、日本はむしろ「水資源の少ない国」なのだ。

雨の降り方が変化して深刻化する水不足

それでも我々が実際に利用している水は、農業用水、工業用水、生活用水などすべて合わせても水資源賦存量の20％程度。「なんだ、まだまだ余裕じゃないか」と思うかもしれないが、水は絶えず流れているもの。**日本は国土が狭く山が多いので、大量の雨が降ってもダムや地下に留まるのはほんの一部だ。**ほとんどは有効利用されないまま、一気に海に流れ出てしまう。

最近では温暖化の影響で、日本の雨の降り方が変わってきたことが注目されるようになった。集中豪雨が続くかと思えば、夕立さえめったにない酷暑もある。降水量の少ない渇水の年が昔より頻繁に訪れ、長引く取水制限に悲鳴を上げる地域も少なくない。水不足が原因で、その地域から工場を撤退させた企業もあるほどだ。

日本人一人が一日に使用する生活用水は、東京の場合、約240ℓ。これは日々の暮らしで個人が直接使う水だ。その他にもオフィスや病院など、さまざまな施設の水や、農作物や工業製品の製造過程で使われた水を、間接的に消費している。快適な生活を手にすればするほど、水の需要は増すばかりだが、日本の水資源がそれにどこまで対応できるのか、非常に心もとない状態なのだ。

それではこういう状況を見据えて、国や自治体が何か対策を立てているかというと、どうもその動きは鈍いようだ。水資源の源である山や森林の保護が徹底されているとは言いがたく、中国などの海外資本が日本の水源林の買収に乗り出した、という噂もある。

水不足が深刻化する海外では、水資源が大きな利益を生むことは常識だ。民間企業が水資源を確保し、ビジネス展開しているケースもめずらしくない。「日本は水が豊富」などとのん気にかまえていると、日本の水を海外の企業から購入するという時代がやってくるかもしれない。

世界の水資源

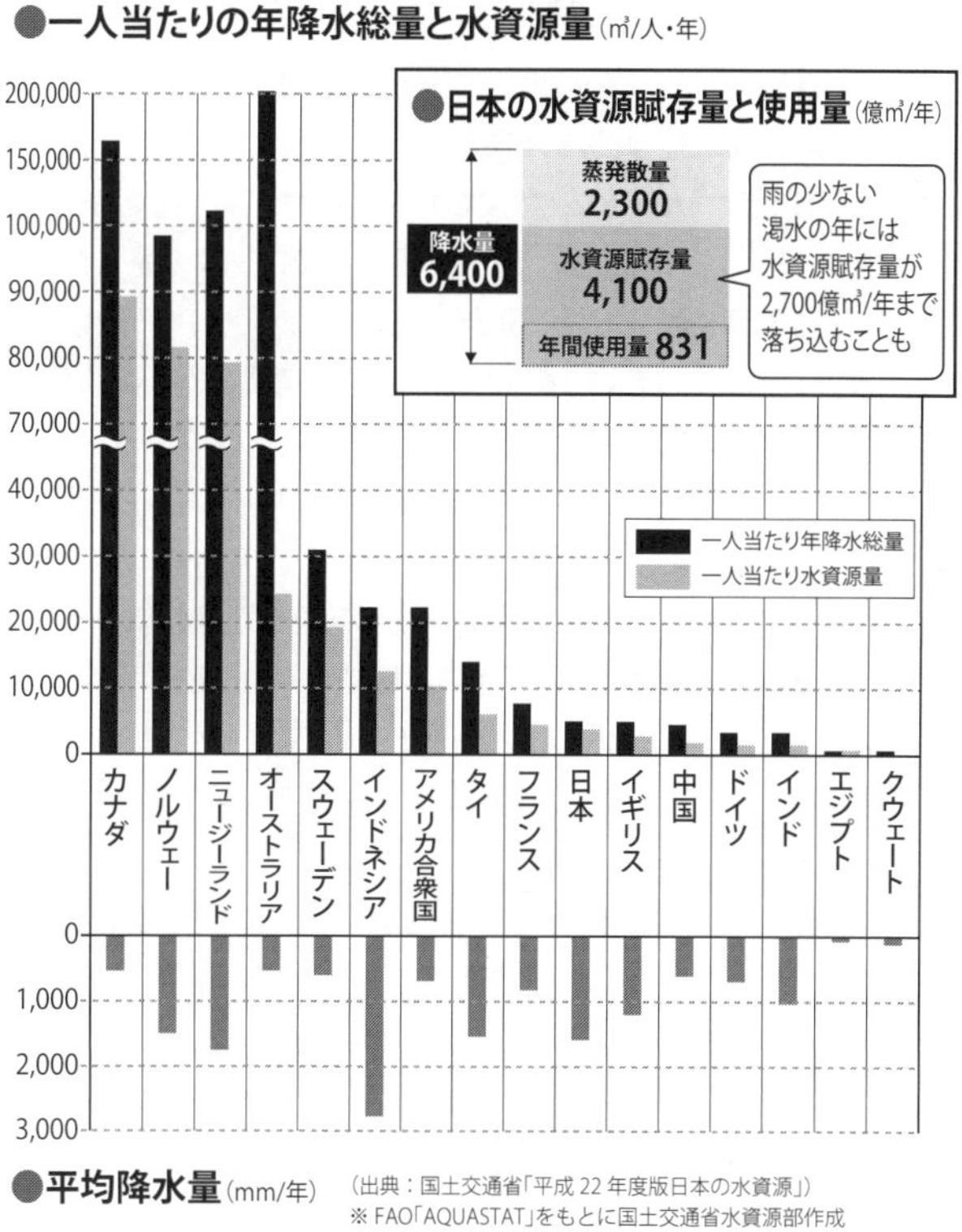

(出典:国土交通省「平成22年度版日本の水資源」)
※FAO「AQUASTAT」をもとに国土交通省水資源部作成
※日本の人口は総務省「国勢調査」(2005年)、平均降水量と
水資源賦存量は1976〜2005年の平均値(国土交通省水資源部調べ)

単位と目安の雑学①

東京ドーム○個分の本当の大きさは？

「東京ドーム○個分の大きさ、○杯分の量」「東京タワー○個分の高さ」など、マスコミはいろんなものを「単位」として使うのが大好きだ。数字を並べるよりも、大きさや高さを実感できると考えているからだろう。東京ドームや東京タワーを写真や映像でしか知らない人には、かえってわかりにくいのでは？　という疑問はさておき、実際はどれくらいの大きさなのだろうか。

東京ドームの面積は「4万6755㎡」、体積は「124万㎥」。東京タワーの高さは「333m」である。確かにあまりピンとこない。ではここで例をひとつ。国土地理院によると、日本の国土は埋め立て等の影響で年々増加しており、2009年10月からの1年間で、3.59㎢も広がったという。これは「東京ドーム約76個分」に当たるそうだ。何となく「とても広い」ことはわかったような……？

計算するのは面倒だが、身の回りのものを何かに換算してみたい、という人は、いまやスマートフォンの専用アプリやネットのサイトで簡単にできる。「1円玉の重さ」「缶ビールの値段」など「単位」もいろいろそろっている。ちなみに地球は「東京ドーム約701兆1942億個分」……モノによってはただ混乱するだけなのでご注意を。

2章
条件付きで「操作できる数字」

本当の内定率は約60%？

「就職希望者」が減少しているワケ

バブル経済崩壊後から始まった「就職氷河期」。一時は持ち直したものの、リーマンショックの影響で、学生たちは再び厳しい状況にあえいでいる。

厚生労働省と文部科学省の共同調査による「就職内定率」が低ければ低いほど、「氷河期」「超氷河期」などとマスコミが騒ぎ立てるわけだが、この「内定率」は現状とかけ離れており、事態はもっと深刻だと憤る大学関係者は多い。

就職内定率の調査は1996年から開始されたが、全学生を対象にしたものではない。全国の大学や短大などから112校を選び、さらにその中の6250人の学生について調査したにすぎない。大学に限って言えば調査対象は62校。これは4年制大学のわずか8%だ。また、毎年50万人以上の新卒者がいることを考えるとサンプル数が少なく、これで全体像を測るのは確かに疑問を感じる。

内定率の定義が「就職希望者に占める内定取得者の割合」だということにも注意が必要だ。大学院などへの進学者や留年組はもちろん、就職活動の途中であきらめた学生などは含まれていない。あまりの内定率の低さに、就職留年を勧める大学も多く、就職希望者の数は流動的だ。

毎年10月から2カ月ごとに発表される内定率は、卒業に向けてどんどん高くなっていく。日を追うごとに内定が決まっていくから当然だが、**分母の「就職希望者」がひそかに減少しているという事実にも目を向ける必要がある。**

2011年春に卒業した大学生の就職内定率を見てみると、2月時点では77・4%で、調査開始以降、最低水準だったものの、4月の就職率は90%を超えている。

全数調査なら就職率は約60%

学生の就職状況は、文科省の「学校基本調査」でも知ることができる、こちらは**サンプル調査ではなく、すべての学生が対象だ。「就職率」の定義は「全**

卒業者に占める就職者の割合」。それによると、**2010年度の就職率はなんと60・8%！**

その代わりに増えたのが、大学院や専修学校などへの進学者（約7700人増）と、アルバイトなどの一時的な仕事についた者（約6300人増）、そして進学も就職もしていない者（約1万9000人増）だ。この調査では就職希望者の人数はわからないので一概に比較はできないが、それでも先の内定率が示す「氷河期」が、ずいぶん牧歌的なものに感じられるほどだ。

ここまで就職率が落ち込んだ理由は、不況の影響ももちろんあるが、大学生が増えすぎたことを指摘する声もある。今や大学進学率は50%を超え、大卒者をありがたがる時代ではない。企業側も能力や意欲を重視し、採用ハードルは高くなっている。

現に、より専門的な知識を学ぶ単科大学の中には、就職率100%を誇る学校もあるのだ。しかし学生たちは未だにキャリア志向が強く、魅力的な中小企業も多いのに、有名企業ばかりを狙いがちだ。自分の身の丈に合った就活をすれば、内定率はもう少しアップするのではないだろうか。

内定率

●就職（内定）率の推移（大学）

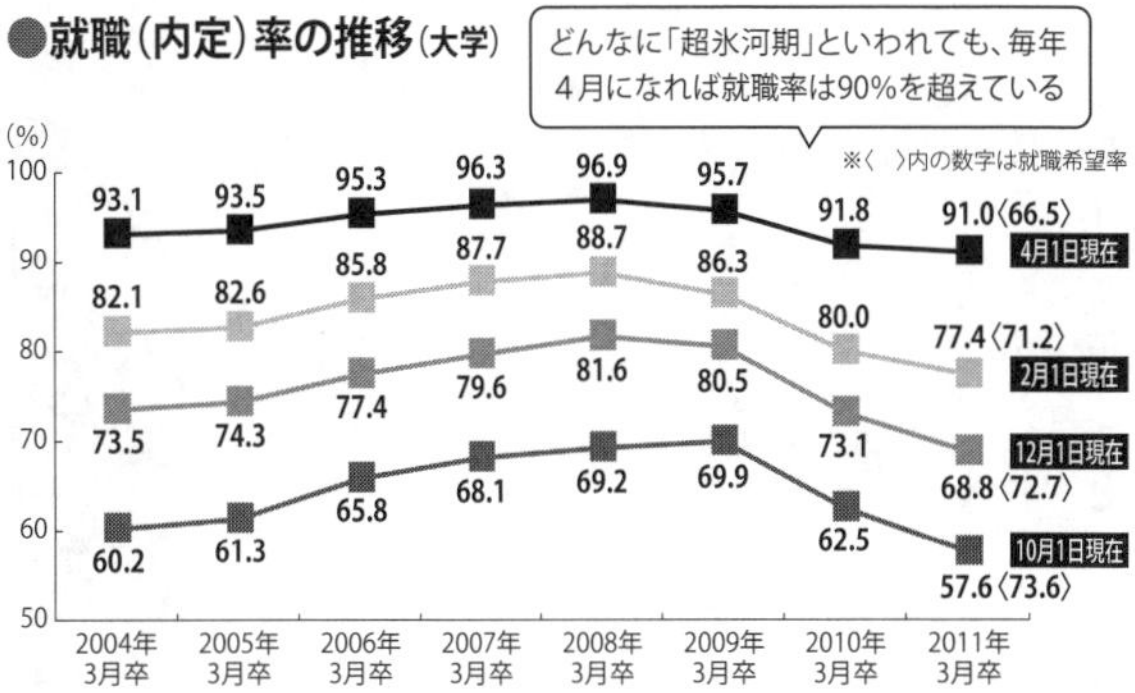

（出典：文部科学省・厚生労働省「平成22年度大学等卒業者の就職状況調査」）

●卒業者数、就職者数及び就職率等の推移（大学〈学部〉）

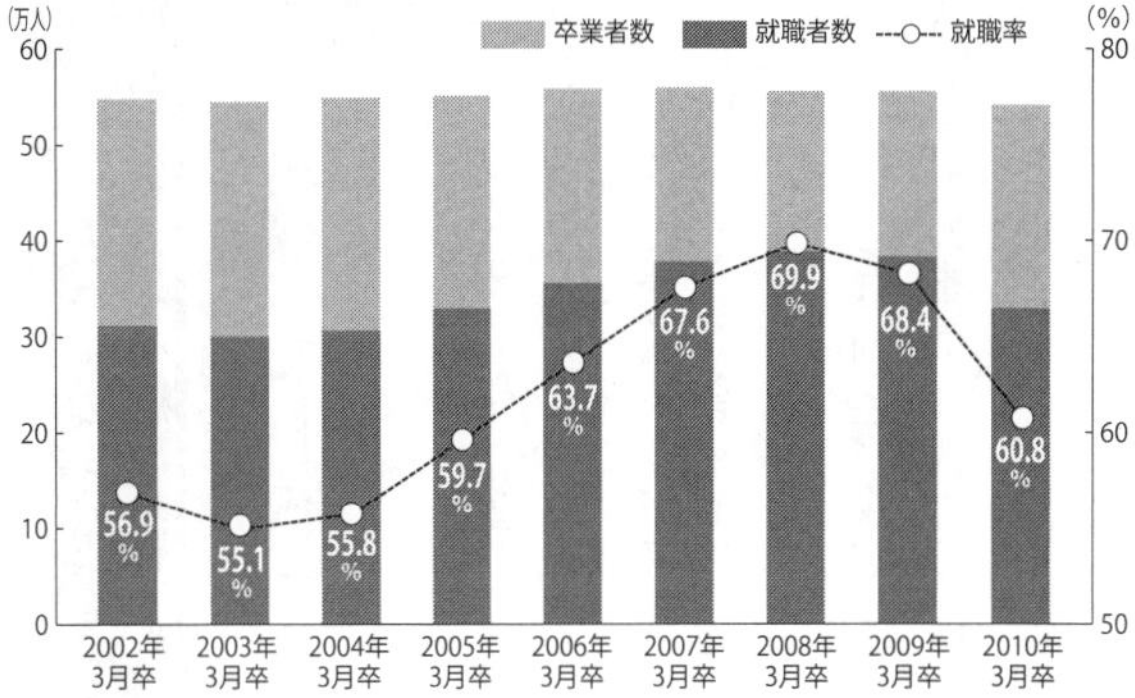

（出典：文部科学省「学校基本調査」）

犯罪検挙率31・4％！ 日本は本当に安全なの？

警察の検挙率が激減した背景は……

日本は治安の良い安全な国と言われてきたが、新聞やテレビでは連日、殺人などの凶悪な事件が報道され続けている。ネットがらみの犯罪や、未成年者による犯行など、新しいタイプの犯罪も次々と登場。警察庁の統計によると、2010年の犯罪検挙率はわずか31・4％！ これはちょっとショッキングな数字だが、いろいろ事情があるようだ。

まず、**ここで言う「犯罪」**とは、「**一般刑法犯**」のこと。**刑法が規定している犯罪の中から、自動車運転過失致死などを除いたものを指す**。殺人や傷害、窃盗《せっとう》など、我々がイメージする「犯罪」全般だと思っていい。

そういう犯罪が発生すると、被害者や目撃者などが通報したり、被害届けを提出したりして、警察の知るところとなる。こうして警察が「認知」した事件の数を「認知件数」という。警察は事件を認知すると捜査を開始し、容疑者が特定できたら、それが「検挙」だ。**「検挙率」というのは、「認知件数」に対する「検挙件数」の割合のこと。**それが31・4％とは……。しかし、日本の安全神話が崩壊したと思うのはまだ早い。

殺人事件の検挙率は98％！

グラフを見ると、1980年代には60％前後あった検挙率が、ある年を境にガクンと下がったことがわかる。別に**警察の能力が急に低下したわけでなく、事件に対する方針が転換されたから**なのだ。というのも、それまでの警察庁にとってもっとも重要なことは、高い検挙率を維持することだった。そのため、認知件数を少なくするために被害届を受理しなかったり、検挙しやすい軽微な犯罪の取り締まりに一生懸命になるようなことがまかり通っていたのである。

しかし1987年から、殺人などの凶悪事件の捜査に力を入れるようになり、認知件数の大多数を占める窃盗などの軽い犯罪に手が回らなくなったのだ。

さらに、1990年代には「桶川ストーカー殺人事件」のように、警察の職務怠慢から殺人事件にまで発展したケースが発覚するなど、警察の不祥事が後を絶たず、世論の目は厳しくなっていた。そのため被害届も積極的に受理するようになったようだ。このようなことから、**分母の認知件数が増え、逆に検挙件数は減り、その結果、検挙率が急落したのである**。とはいえ凶悪犯罪に重点を置いただけあって、2009年の**殺人事件の検挙率は98・2%、傷害や暴行、強姦なども70%以上の高い水準**だ。もちろん微罪でも犯罪は犯罪。しっかり犯人を検挙してほしいが、少なくとも警察が小手先の数字合わせをするよりは、凶悪犯をキチンと捕まえてくれるほうがよほどありがたい。

グラフによれば、2000年代に入ってからの一般刑法犯の認知件数は戦後最悪となっている。しかし裏の事情を考えれば、特に治安が悪化したとは言えないのではないだろうか。その認知件数も今は減少しつつある。

国連の研究機関の調査によると、日本の犯罪被害者の人口比率は9・9%。経済開発協力機構(OECD)の加盟国のなかでも、2番目に低かった。まだまだ日本の安全神話は生きていると言っていいようだ。

刑法犯の認知・検挙状況の推移

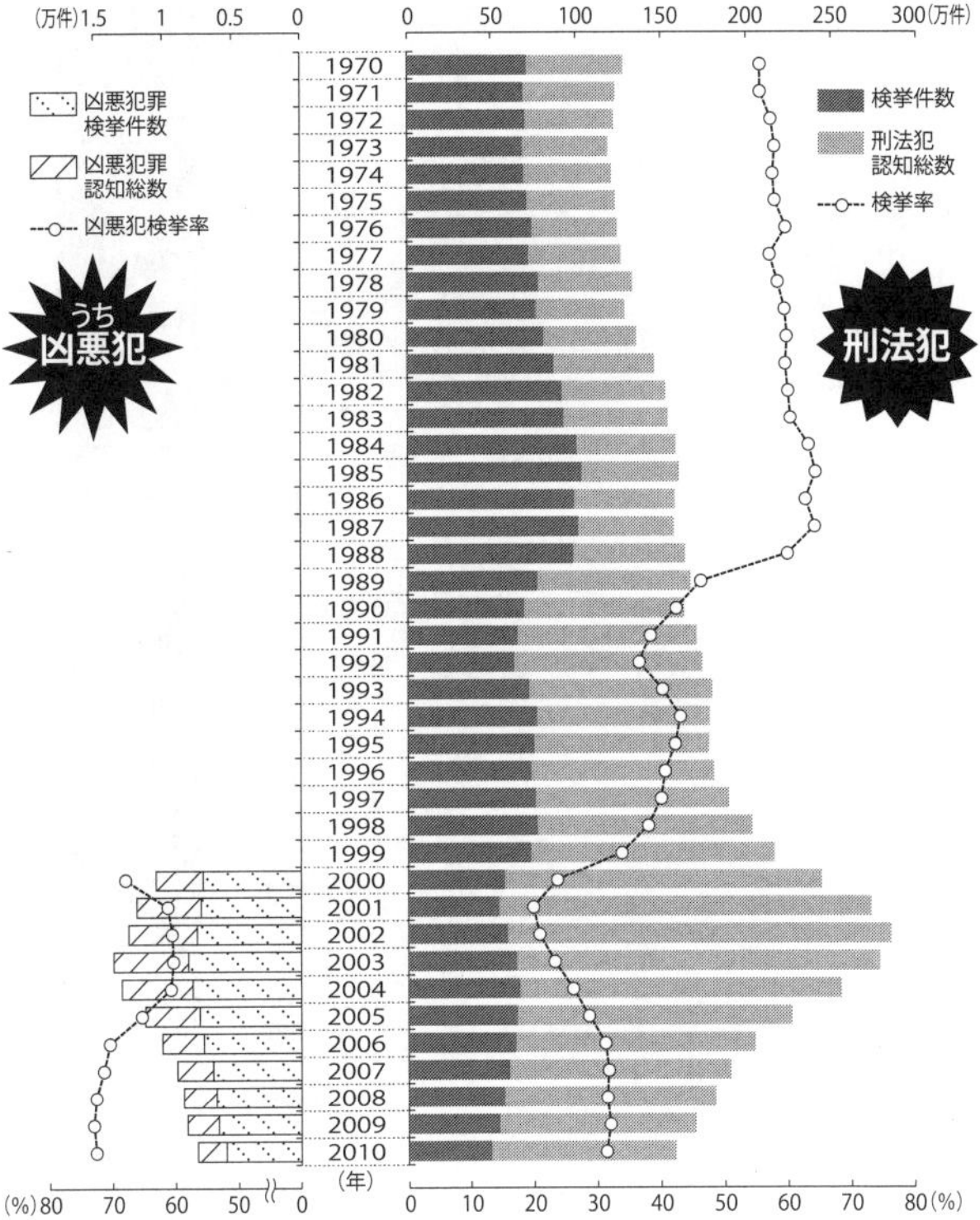

※凶悪犯とは、殺人・強盗・放火・強姦をさす
（出典：警察庁「警察白書」）

初婚年齢が高くなる本当の理由

正社員か否かが左右する男性の婚活

昭和の時代には「女性はクリスマス・ケーキ」(25過ぎたら買い手がつかない)などと言われていたものだが、厚生労働省の調査によると、2009年度の平均初婚年齢は、夫が30・4歳、妻が28・6歳だった。1980年当時は夫27・8歳、妻25・2歳だったので、晩婚化が進んでいるのは確かなようだ。

「それにしても、思ったより若い」と感じたとしたら、それは周囲に30代、40代の独身者が多いからだろう。**平均初婚年齢はその年に結婚した夫婦の年齢から出したもので、独身者や再婚者は含まれていない。**「いい年をした独り者」が増えたので、晩婚化がかなり進んでいるような錯覚を起こしたわけだ。しかし実際は、30年前と比べても、2、3歳程度遅くなっただけである。

結婚が遅くなった理由は、今までならまず女性の社会進出があげられただろう。仕事を持って経済的・精神的に自立すれば、結婚を急ぐ必要もない。結婚相手との平均交際期間は約4年で、こちらも年々長くなっているという。(2005年/国立社会保障・人口問題研究所調べ)

ところが最近の傾向としては、若年層の雇用不安が結婚を遠ざけているようなのだ。特に男性側の仕事や収入が不安定なままだと、なかなか結婚に踏み切れない。総務省の調査でも、20歳～39歳の男性は、正社員なら51%が結婚しているが、非正規雇用者の場合はわずか17%にすぎない。正社員になって適当な相手が見つかれば、キチンと身を固めようというのはいつの時代も同じだ。

国の統計に、非正規雇用者や出会いのない独り者の悲哀は反映されない。平均初婚年齢が昔と大差ないのは、当然と言えば当然なのだ。

生涯未婚の男性が急増!

それでは労働力の3割以上が非正規雇用者というこの時代に、一生だれとも結婚しない(できない?)未婚者はどれぐらいいるのだろうか。人口統計では、

50歳の時点で結婚経験のない人の割合を、「生涯未婚率」と定義している。50歳まで結婚しなかったのだから、今後もしないだろうと仮定した上での数字だ。それによると、2005年の生涯未婚率は男性が15・96%、女性は7・25%。男性は7人に1人は一生独身ということだ。1980年では男性が2・6%、女性が4・45%だったというから、特に男性未婚者の増え方はただ事ではない。

90年代に入ってから急増し始めたことを考えると、やはりバブル崩壊後の経済的な問題が大きなネックになっていると思われる。女性はそれでも必死に婚活に励むだけの元気があるが、稼ぎのない男性は自信を失って草食化するばかりだ。これでは今後も未婚率は上がっていく可能性がある。

未婚率の増加は少子化に直結する問題だ。また、子どもも孫もいない単身世帯が増えるということでもある。

いわゆる「団塊ジュニア」と呼ばれる世代が中高年になる2030年ごろには、60歳代の一人暮らしの割合は25%になると言われている。子ども手当てなど、国は子育てをしやすい環境を整えることには一生懸命だが、その前にまず、独身男女の救済方法を考えてほしいものだ。

平均初婚年齢

●年齢別・年収別の既婚率

（20～30代の男女1万人を対象としたインターネットによるアンケート調査）

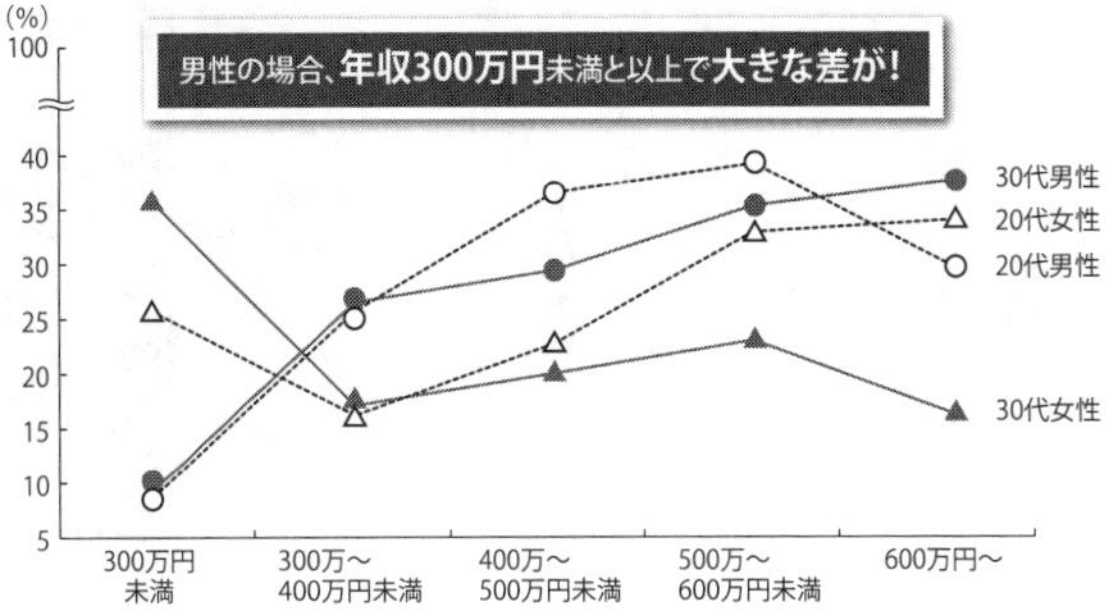

※調査結果はウェイトバック（得られたデータを母集団の実際の構成比に合わせて重みづけして集計する方法）後の数値
※既婚者については、結婚3年以内を調査対象としている
※学生と年収不明は集計より除いている
（出典：内閣府「結婚・家族形成に関する調査報告書」）

●生涯未婚率の推移

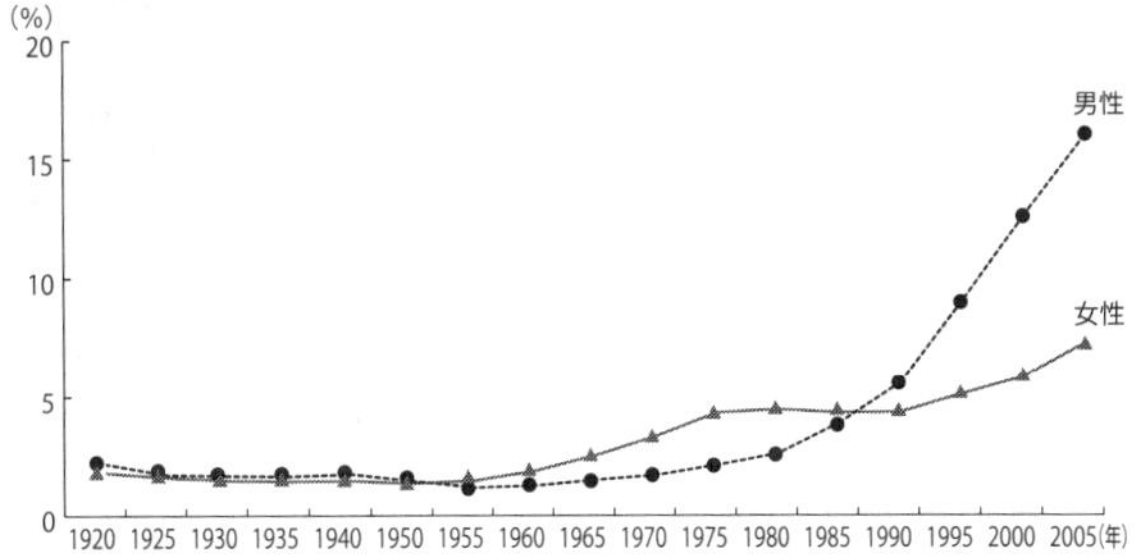

（出典：国立社会保障・人口問題研究所「2011年版人口統計資料集」）

少子化なのに待機児童が増えるワケ

都市部の規制に見直し求む！

子育てと仕事を両立させたいお母さんにとって、頼りになるのが保育所だ。しかしこれほど少子化が問題になっているにもかかわらず、保育所の数は圧倒的に不足している。入所申請を出しているのに満員で入れてもらえない……そんないわゆる「待機児童」の数は、全国で4万8000人以上（2010年10月）。ここ数年、増え続けているのだ。

待機児童の問題は女性の社会進出に伴って表面化し、対応を迫られた政府は、2001年に「待機児童ゼロ作戦」なるものをぶち上げた。リーマンショック以降は不況の影響で共働き夫婦が増えたため再び増加に転じたものの、それまでは順調に減少していた。「ということは、政府もけっこうがんばっていたんだな」などと甘いことを言ってはいけない。実は厚生労働省は「ゼロ作戦」発表のころ、「待機児童」の定義そのものを変えてしまっていたのだ。

「保育所」には、国の公費で運営される「認可保育所」と、それ以外の「認可外保育所」がある。認可されるには、職員の人数や設備など、国が定める基準を満たしているのが条件で、税金が投入されるため保育費も安い。

一方「認可外保育所」は国の基準は関係なく、自治体が独自に認証した「認証保育所」や「家庭保育士」などの保育サービスのことを言う。認証はしても助成金を出せる自治体は少ないので保育料は高い。認可保育所の平均額の約3倍が相場だ。認可保育所を利用したいと思うのは当たり前だろう。

以前はこの「認可保育所」に入所申請したのに入れない子どものことを、すべて「待機児童」と呼んでいた。しかし新しい定義では、認可保育所に入れず「認可外保育所」に入っていたり、「他に入所可能な保育所があるのに、特定の保育所を希望して待機している場合」は、「待機児童」に含まなくなったのだ。

つまり厚労省は、やむなく他の保育サービスを受けている子どもや、認可保育所が空くまで仕事を休んで子育てしている親を除外して、「ゼロ作戦」が進んでいるようにみせかけているのでは、と疑いたくもなる。

潜在的な待機児童は全国に80万人以上！

さらに深刻なのは、**そもそも入所申告さえしていない親が相当数いるということだ。**認可保育所のほとんどは土日・祝日が休みで、夜間保育もない。これでは仕事のサイクルにかみ合わないと、最初からあきらめてしまうケースである。申請していないから、統計にも表れない。厚労省の調べによると、**こういった潜在的な待機児童は、80万人以上にのぼる**というから驚く。

この膨大な待機児童を減らすには、認可の規制を緩め、株式会社の新規参入を促すなど、柔軟な対策が求められている。しかし既存の保育団体から「安易な規制緩和は保育の質を落とす」などと反対され、思い切った改革ができない。待機児童の80%以上が都市部に集中し、地方では定員割れの保育所もめずらしくない。新規参入で競争相手が増えるのはごめんだ、というのが本音というところか。とはいえこの状態が続けば、子どもを持つことを躊躇《ちゅうちょ》する女性がますます増え、結局自分たちの首を絞めることになるのではないだろうか。

保育所待機児童数と利用児童数・定員数の推移

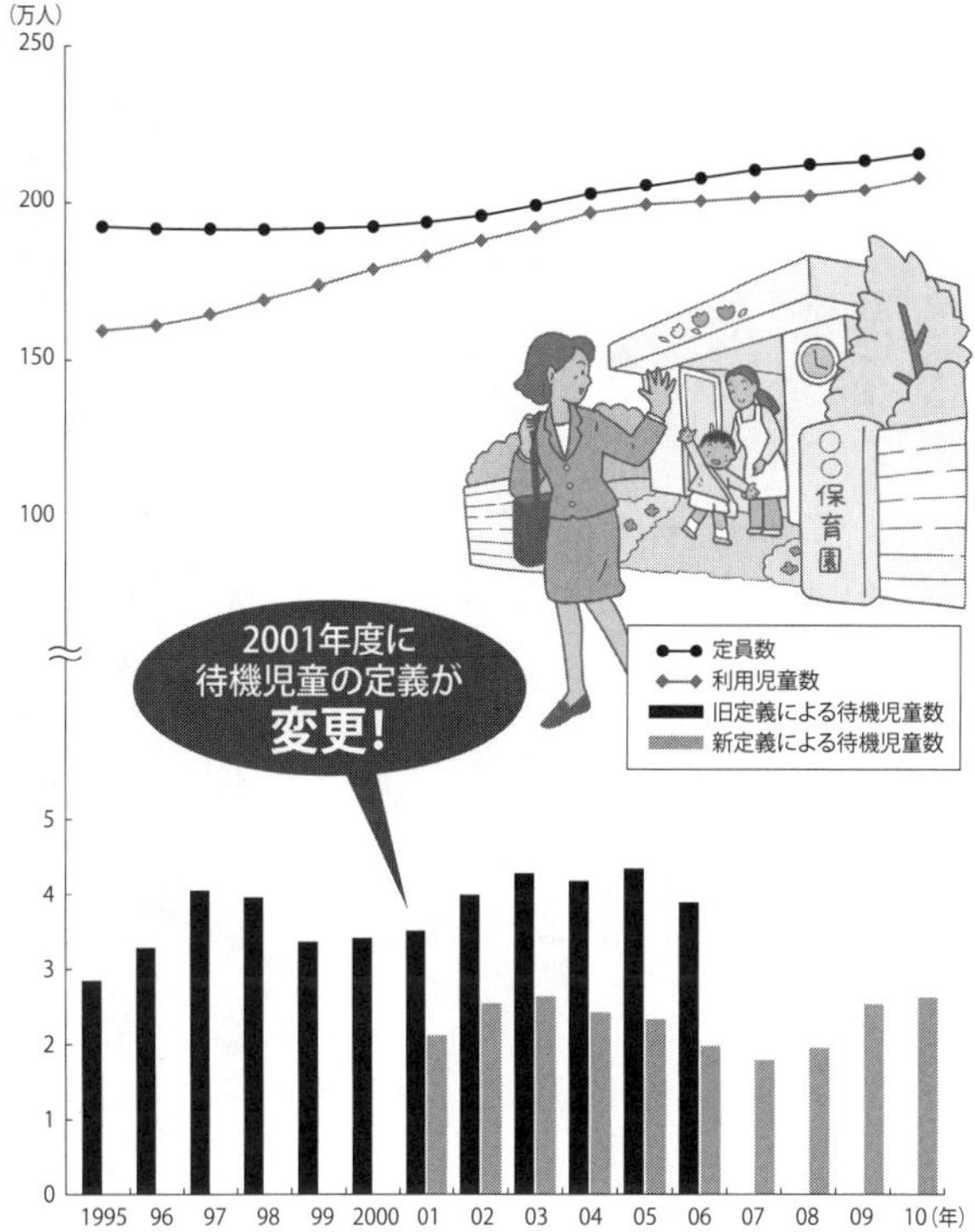

※データは各年4月1日現在のもの。厚生労働省調べ
(出典:「2011保育白書」ちいさいなかま社)

日本の食料自給率がヤバい？

カロリーベースでわずか40％！

日本の食料自給率が低いことはよく知られている。農林水産省によると、2009年は40％しかなかったそうだ。「まあそんなもんだろう」と思ったかもしれないが、同じ報告書には**「生産額ベースなら自給率は70％」**と、なぜか異なる数値も記載されているのである。いったいどういうことなのだろうか。

「食料自給率」というのは、国内で消費する食料を、国産品で賄っている割合だ。ひと口に「食料」と言っても、米もあれば肉や野菜もある。重さも栄養価もまちまちだ。これらを全部ひっくるめた総合的な自給率を出すためには、単位を揃えて計算しなくてはならない。そこで三通りの方法が用いられている。

ひとつは、基礎的な栄養素であるカロリーをベースにしたもので、通常「食料自給率」と呼んでいるのはこれにあたる。二つめは、経済的な価値をベースにした「生産額自給率」。野菜や果物などカロリーが低いものは、生産額で計算したほうが自給の実態が反映されやすいためだ。そして三つめが重量をベースにしたもので、これは総合的な自給率ではなく、米や小麦などの穀物や、品目別に計算する場合に用いられる。これらの方法で計算すると、**2009年度はカロリーベースなら40%、生産額ベースなら70%、主食用の穀物は重量ベースで58%となり、同じ年の自給率でも異なる数値が発表される**というわけだ。

カロリーベースの場合、1960年代前半までは70%台を維持していたものの、その後はずっと下降線を描き、1990年ごろから50%を割り込むようになってしまった。自給率が下がった理由として、農業政策の失敗や貿易の自由化、日本人の食生活の激変など、さまざまな要因が挙げられている。確かに政府は、主食の米を保護するあまり、小麦や大豆の生産はないがしろにしてきた。食事が欧米化するにつれて米離れが進み、パンや肉料理が好まれるようになったが、畜産物の飼料や油脂類の原料は、ほとんど輸入に頼らざるを得ない状況だ。「自給率」に計上される純国産品は、ごくわずかというありさまなのだ。

農業生産額なら世界5位の農業大国

「国内で作れないなら輸入すればいい」などとのん気なことが言えたのは、バブルの頃の遠い昔の話。新興国の台頭や世界的な人口増加、温暖化による気候変動などを考えれば、輸入元が今後も日本に食料を供給してくれるとは限らない。現にここ数年、旱魃《かんばつ》などの影響で、世界的に食料価格の高騰が続いている。今はまだ輸入が滞ることはないが、食品の値上げラッシュは家計を直撃した。食料を他国に頼りすぎる危険を実感した人は、多いのではないだろうか。

だから少しでも自給率を上げようと、農水省も「地産地消」を推進し、農地の有効活用や農業の担い手の育成など、さまざまな取り組みを始めている。

こうしてみると日本の農業は衰退の一途をたどってきたようだが、前述の「生産額自給率は70％」という数値を思い出してほしい。**日本の農業生産額は約8兆円で、なんと世界5位！ 生産額だけなら「農業大国」と言える**のだ。日本には高い農業技術があるので、政府が本気でテコ入れすれば自給率アップは可能だという声もある。やはり自分たちの食い扶持ぐらい自国で賄いたいものだ。

わが国の食料自給率

●食料自給率の推移

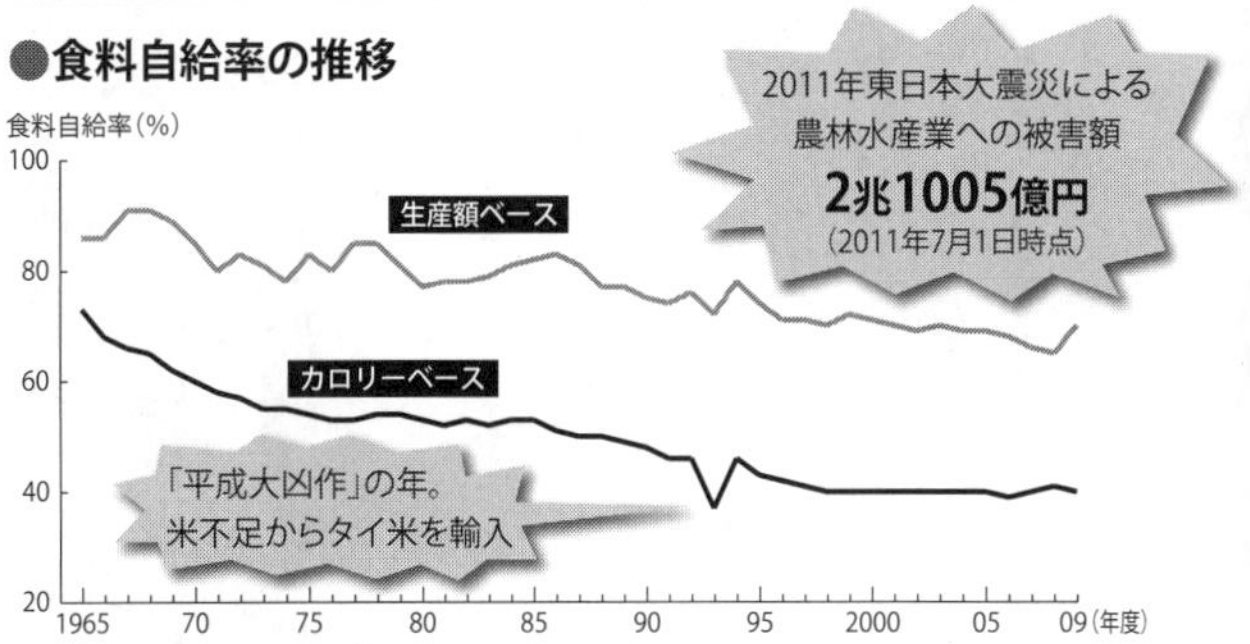

●主な品目別食料自給率（左側：カロリーベース／右側：生産額ベース）

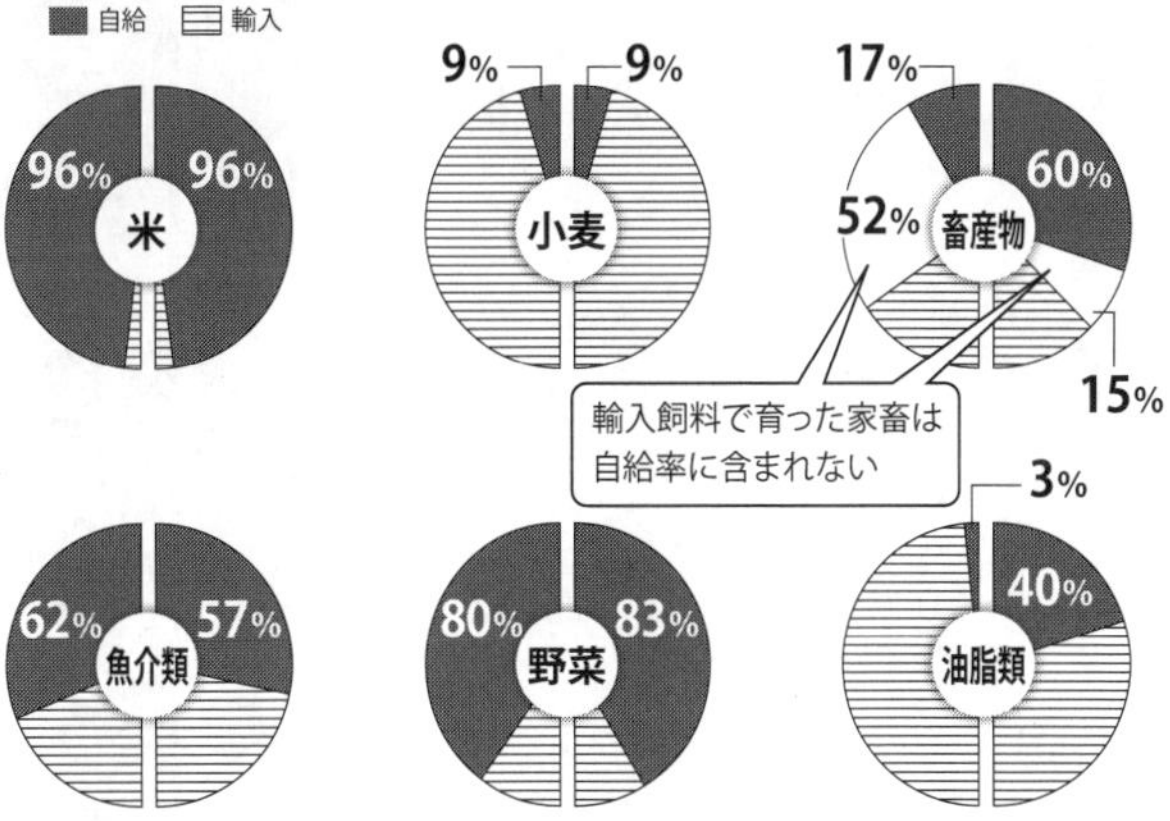

（出典：農林水産省「平成21年度食料自給率をめぐる事情」）

交通事故の死者数は少なく公表されていた!?

事故後24時間以内の死亡者だけが「死亡事故」扱いに？

「交通戦争」という言葉も最近はめっきり聞かなくなってしまったが、高度経済成長期には毎年1万人以上が交通事故で命を落とし、まさに道路は人と車との命がけの戦場だった。環境整備や法整備が進むにつれて、事故の発生件数も死傷者数も減り続け、2009年の死者数は57年ぶりに5000人を割った。過去最悪だった1970年の1万6765人に比べると、3分の1以下だ。2018年には2500人以下にしたいと、警察庁の鼻息も荒い。

国際道路交通事故データベース（IRTAD）によると、**人口10万人当たりの死者数は、日本は4・7人で第6位**（29カ国中／2008年度）。ワースト1位のギリシャは14・4人、韓国は12・7人だ。車の保有台数や狭い道路事情を考えれば、世界的に見ても日本はなかなかの好成績と言えるだろう。

ところで、その警察庁が発表する「交通事故死者数」に、三段階あることはあまり知られていない。**警察庁は通常、事故発生から「24時間以内」に亡くなったケースを「死者数」としている。しかし海外では「30日以内」、厚生労働省の人口動態調査では「1年以内」と定義されているので、それらも合わせて公表しているのだ。**先ほどのIRTADのデータは、もちろん30日以内の死亡者数で計算したものだ。

24時間以内に死亡するケースが圧倒的に多いとはいえ、遺族や関係者にすれば時間的な差はまったく関係ない。たまに「警察は死者数を少なく見せかけるために24時間以内のデータを公表している」と憤る報道も見かけるが、三段階の数字はすべて公表されている。

事故被害者の5%が後遺障害者に!

死者数は確かに年々減少しているものの、事故発生件数はいまだに年間70万件を超え、負傷者は90万人以上に上る。このうち、30日未満の治療が必要な「軽傷者」は93％、30日以上の「重傷者」は6％前後。「死者」が1％弱。警察庁によると、この割合はここ数年、変わらないそうだ。しかし自動車保険のデータを見ると、事態はもっと深刻だ。

（社）日本損害保険協会の統計では、2008年4月から一年間の交通事故による被害者数は約130万人。そのうち、負傷者は約123万人で、死亡者は6135人だという。警察庁と数字が違うのは、事故発生後の日数に関係なく、保険金の支払い対象になった被害者を含めているからだ。

ここで注目したいのは、後遺障害者が6万人以上もいることだ。程度の差こそあれ、交通事故被害者の5％が、なんらかの後遺障害を伴うような大怪我をしている。しかもその人数は年々増え、この5年間で4000人以上増加したという。ひと昔前なら死んでもおかしくないような大怪我も、医療技術の進歩で命だけは助かった、というケースが増えていると考えられる。

飲酒運転の取り締まりが強化され、シートベルトの着用が常識となっても、悲惨な事故は後を絶たない。2010年は毎日13人以上が亡くなっていることをお忘れなく。

交通事故発生件数・死者数・負傷者数の推移

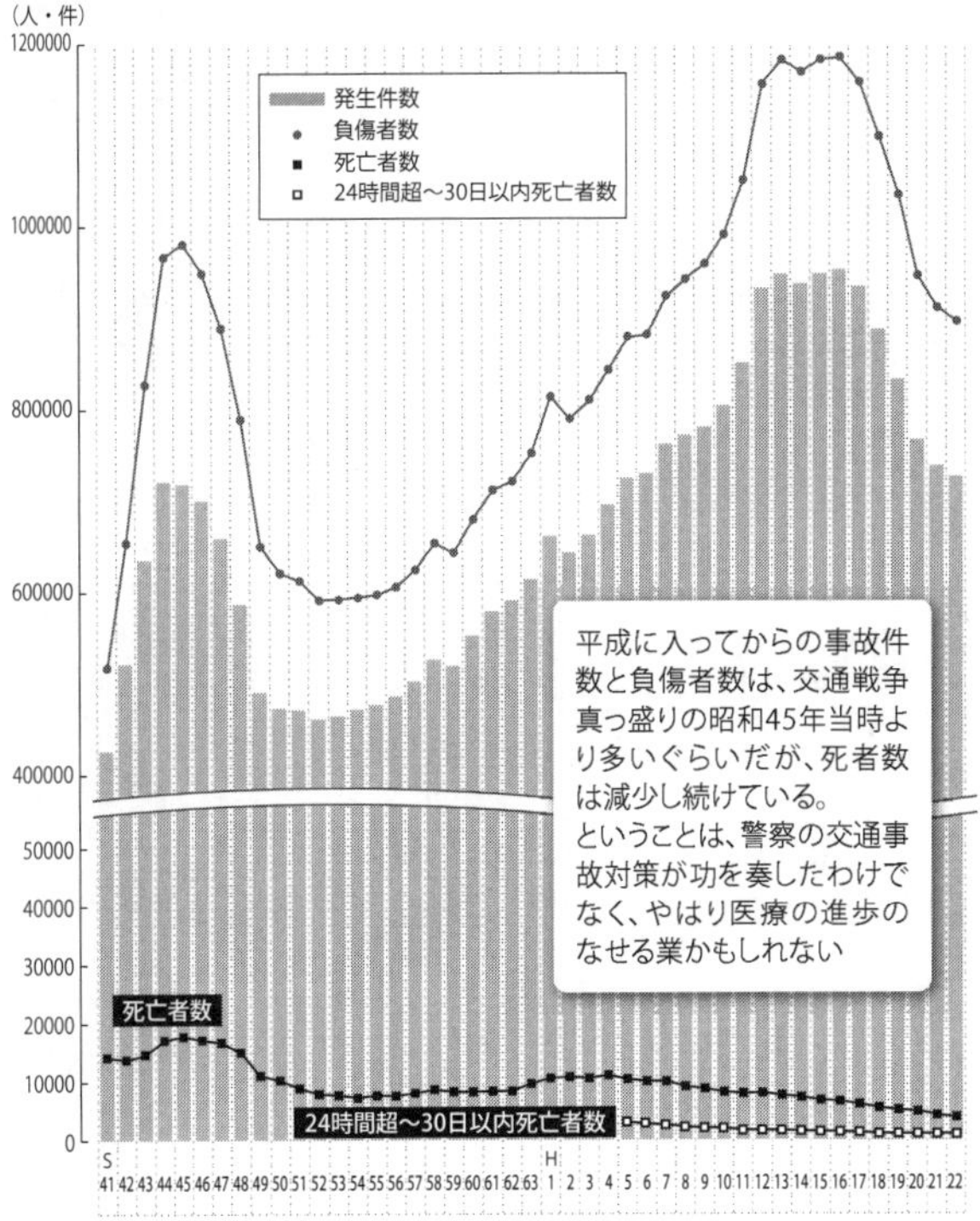

※昭和46年までは沖縄県を含まない
※死者数は24時間以内に亡くなった人数
(出典：警察庁交通局「平成22年中の交通事故の発生状況」／内閣府「交通安全白書」)

平均寿命の本当の見方

75歳男性でも、あと11年ぐらいは大丈夫

厚生労働省によると、日本人の2009年の平均寿命は、女性が86・44歳、男性が79・59歳だった。というと、「80歳前後で亡くなる人が多いんだな。自分は今○歳だから、あと△年の人生か」などとつい勘定したくなるが、それはちょっと違う。

「平均寿命」は、厚労省が毎年発表している「簡易生命表」で知ることができるが、これはおもに「平均余命」を示す統計だ。「平均余命」とは、「あと何年生きられるか」という期待値のこと。その年の死亡状況が今後も変化しないという前提のもとで、1年間の死亡者数などから性別・年齢別に細かく計算して出している。そして0歳児の「平均余命」のことを、「平均寿命」と呼んでい

るのである。つまり**平均寿命とは、「今の日本に生まれてきた子どもが、あと何年間生きられるか」を表しており、国民全員に適用される数値ではない**のだ。

他の年齢層には、また別の数字が出されている。たとえば、２００９年当時75歳だった男性の場合、平均寿命から単純に引き算すれば、平均余命は４・59歳となる。しかし「簡易生命表」で確認すると、正しくは11・63歳。75歳まで生きた男性は、平均であと11年ぐらいの長生きが期待できる、というわけだ。

ところで、**「今の日本で」というのは、平均寿命を語る上では重要なポイントだ。**世界保健機構（ＷＨＯ）が発表した統計によると、日本人の２００９年の平均寿命は83歳で世界第１位（男女平均／加盟国１９３カ国中）。世界の平均寿命は68歳で、最も短命なのはアフリカのマウライ共和国の47歳だった。国が違うだけで、こんなにも差ができてしまうのだ。

100年前の平均寿命は44歳！

日本人の平均寿命が長くなった理由は、やはり医療水準が高いことと、国民皆保険制度のおかげで、国民がその恩恵を受けやすいことが挙げられる。

がんなどの悪性新生物、心疾患、脳血管疾患は、日本人の三大死因と言われているが、将来もし、さらなる医療技術の進歩でこの三つの死因を克服することができたら、男性は8・04歳、女性は6・99歳も平均寿命が延びるそうだ。平均寿命100歳時代の到来も、あながち夢物語とは言えないかもしれない。

ほんの100年前の1900年当時、日本人の平均寿命は44歳。イギリスの50歳に比べるとかなり短かった。第二次世界大戦後の1950年ごろから、猛烈な勢いで諸外国を抜き去っていったのだ。

65歳以上の人口が全体の7％に達すると「高齢化社会」と呼ばれ、14％なら「高齢社会」だ。日本はすでに20％を超えており、2015年には4人にひとりが65歳以上になると言われている。フランスは「高齢化社会」から「高齢社会」になるまで115年もかかったのに、日本はわずか24年で達成してしまった。あまりにそのスピードが速すぎて、福祉などの対応が追いつかないうちに超高齢社会に突入してしまったのだ。

寿命が延びるのは喜ばしいことだが、今の日本が安心して年をとれる国かというと、どうも首を傾げざるを得ないのが情けないところである。

主な年齢の平均余命（単位：年）

女性の平均寿命は
この25年間
世界1

年齢	男		女	
	2009年	1999年	2009年	1999年
0歳	79.59	77.10	86.44	83.99
5歳	74.87	72.49	81.69	79.35
10歳	69.90	67.55	76.73	74.39
15歳	64.93	62.60	71.75	69.43
20歳	60.04	57.74	66.81	64.50
25歳	55.20	52.93	61.90	59.59
30歳	50.37	48.11	57.00	54.69
35歳	45.55	43.31	52.11	49.80
40歳	40.78	38.56	47.25	44.94
45歳	36.09	33.89	42.44	40.15
50歳	31.51	29.37	37.70	35.43
55歳	27.09	25.04	33.04	30.82
60歳	22.87	20.91	28.46	26.29
65歳	18.88	17.02	23.97	21.89
70歳	15.10	13.48	19.61	17.67
75歳	11.63	10.28	15.46	13.71
80歳	8.66	7.53	11.68	10.18
85歳	6.27	5.36	8.41	7.26
90歳	4.48	3.76	5.86	5.05

（出典：厚生労働省「平成21年簡易生命表の概況について」「平成11年簡易生命表」）

宝くじの「テラ銭」は54％！

ジャンボ宝くじ1枚で、期待できるのは140円

1等前後賞合わせて3億円。それだけあれば家のローンも老後の心配も、すべて一瞬でクリアになる……宝くじは庶民の永遠の夢だ。だから高額当選者をたくさん出している売り場には毎回長蛇の列ができるし、風水や占いにも頼る。

しかし、宝くじは公営のギャンブルである。言葉は悪いが「胴元」は国や地方公共団体だ。この胴元の取り分、つまりは「テラ銭」の割合がやたらと高い。**同じ公営ギャンブルの競馬や競輪は25％ぐらいだし、パチンコなら12％程度なのに、宝くじはなんと54％！　売り上げの半分以上を自分のものにしているのだ。**２００９年度の宝くじ全体の売り上げは９８７５億円。そのうち当選金は約４５００億円。経費などを引いて、胴元が手にした収益金は約３９４０億円

だった。このお金は公益事業に使われるので、一種の税金のようなもの。増税というと文句をいう人も、宝くじなら先を争って払ってくれるのだから、胴元にとってはありがたいものだろう。

では当選確率はどうなっているのだろう。確率論では「期待値」という考え方がある。これは掛け金がどのくらい戻ってくるのか、その「見込み」の金額を表したものだ。

ジャンボ宝くじの場合、1ユニット当たり1000万本が発売され、その中で1等2億円はわずか1本。つまり**2億円が当たる確率は1000万分の1**だ。1等当選金の期待値は「当選金の金額×当選確率」で出すことができるので、1等の期待値は「20円」である。この計算を1等から6等まですべてに当てはめて合計すると、**ジャンボ宝くじ1枚の期待値は、およそ140円程度**。1枚300円だから、半分以下しか期待できない、ということだ。

とはいえ、「1000万人に1人でも必ず2億円を手にする人がいる限り、いつか自分が」との一念でみんな買い続けるのだろう。庶民のささやかな夢とはいえ、冷静になるとあまりに分が悪いギャンブルだ。

ブログのカウンタはどこまでアテになる?

ページビュー数とビジット数ではカウンタの回りが異なる

ブログをやっていて気になるのは、何といってもアクセス数。どれだけの人が見てくれているのか、熱心にチェックしているブロガーも多いだろう。企業も自社サイトのアクセス数を分析して、マーケティングに役立てている。

アクセス解析をすると、そのサイトのヒット数、ページビュー数、ビジット数などの数値がわかるが、けっこうややこしい。それぞれの意味は、

【ヒット数】…ブラウザがサーバーに要求したファイルの数。例えば、文書と画像3点で構成されているページの場合、HTMLファイルが1、画像ファイルが3、合計4となる。つまりこのページを開いただけで、「4」がカウントされるのだ。画像の数が多いと、ヒット数も多くなる。

【ページビュー数】…閲覧数ともいう。訪問者が見たページ数だ。ヒット数のように画像の数は関係ない。サイト内を行ったり来たりしてもすべてカウントされるので、ひとりでもくまなく閲覧していけばページビュー数は上がる。

【ビジット数】…訪問者、ユニークビジター、ユニーク数などとも言う。そのサイトを訪れた人を、IPアドレスで個別に識別してカウントする。一定期間内なら、何度訪れようと、何ページ閲覧しようと、カウントは「1」だ。

通常「アクセス数」というのは、「ビジット数」を指すことが多い。いちばん実態に近い人数がわかるからだ。しかしネットカフェなどのように、**不特定多数の人間が同じパソコンから同じサイトを見たとしても、カウントは1のままということがある。**また、とあるブログサービスのページビューは、**更新をチェックするロボットの訪問までカウントされるので、更新するたびに爆発的にアクセス数が増える、とささやかれている。**

ある調査によると、**60％以上のブログが1日の平均アクセス数が10以下**（わからない、を含む）だったそうだ。逆に1000以上の人気ブログが0・7％あったというが、この数字が正確かどうか判断するのは難しい。

十万単位の人出はどうやって数えているのか？

どんぶり勘定にもほどがある、というケースも

祭りや花火大会といった大きなイベントがあると、話題になるのは期間中に訪れた人の数、すなわち「人出」だ。「70万人の人出で賑わった」などと報道されるが、そんな大人数をどうやって数えているのだろうか。実はつい最近まで、**全国共通の測定方法というものはなかったのである**。イベントの主催者が独自の理論で数えていたので、少々疑問符のつく数が発表されることもあった。

一般的なのは、イベントが開催されている地域や会場の中から一定の区画を定め、その中に何人いるか数える方法。区画の面積と全体の面積の比率を、区画内の人数にかけたものが全体の人数になる。これに滞在時間やお客の入れ替わりなどを考慮してはじき出した数字が、そのイベントの人出として発表され

る。他にも「メイン通りや交差点で人数を数え、それをサンプルにして全体の人数を出す」「鉄道の乗降客数や駐車場利用者数、ホテルや旅館の宿泊人数などを加算して出す」「長年の経験による目視」など、いろいろな方法があるようだが、つまりどれもざっくりとした「おおよその人数」ということだ。

主催者側にすれば、あふれんばかりの人出はイベントの成功の証だし、今後の集客へのアピールポイントにもなる。なるべく大きな数字を出したいのが人情だろう。しかしある地方の祭りでは、主催者側の発表は110万人を超えていたのに、警察の調べではその2割にも満たなかった、という珍事もあったとか。このような事態を受けて、**観光庁では「観光《かんこう》入込《いりこみ》客《きゃく》統計《とうけい》」の共通基準を設け、2010年から全国的な調査を実施している。**今後は我々も正確な人出を知ることができそうだが、イベントによっては迷惑な話かもしれない。

ところで初詣の人出も、報道では「警察庁調べ」という但し書きがつけられていることが多いが、例外はあるものの、**基本的に警察庁が独自に人出を調べることはないという。**主催者側からの情報をマスコミに提供しているうちに、「警察庁調べ」が定着してしまったそうだ。

消費期限と賞味期限の違いは？

スーパーなどで食品を買うときは、とりあえずパッケージに印字されている日付を確認するものの、それが「消費期限」なのか「賞味期限」なのか、あまり意識していないという人は多いかもしれない。

「消費期限」は弁当や惣菜、生菓子など、保存がきかない食品に用いられる表示で、「安全に食べられる期限」を示している。裏を返せば「期限が過ぎたものは傷んでいる可能性があるので、食べるのは危険」という意味。「1日くらい平気」などと甘く考えないほうが無難だ。

「賞味期限」はハム・ソーセージや即席めん、スナック菓子など、保存がきく食品に表示される。「おいしく食べられる期限」という意味で、期限を過ぎたからといってすぐに傷んでしまうわけではない。しばらくは問題なく食べられる。ただし一度開封してしまったら、そこから商品の劣化が始まるそうだ。パッケージの注意書きにあるように、期限に関係なく「お早めにお召し上がりください」ということだ。

それにしても「しばらくは大丈夫」とか「早めに」とか、ずいぶんあやふやだ。保存状態にも左右されるようだが、もったいないとチャレンジ精神を発揮したときの万一のリスクを考えると、表示期限内に消費したほうが無難だろう。

3章
0という数字はゼロではない!?

ほとんどの飲み物は「ジュース」ではなかった！

果汁99％でも「ジュース」とは言えない厳しい規定

食品の表示基準を定めたＪＡＳ法によると、**「ジュース」と名乗れるのは果汁１００％のものだけ**。10％以上１００％未満のものは、すべて「果汁入り飲料」と、なんだかそっけない呼び方にしなくてはならない。

ジュースには砂糖やハチミツなどの甘味料を加えることはできるが、他の混ぜ物はいっさい禁止。ある大手有名メーカーが果実の香りを増すために発酵させた果汁を１％ほど加えたところ、「これでは果汁１００％ではない」と問題になり、発売を中止せざるを得なかった。このように「ジュース」の定義は厳密だが、店頭で見かける「濃縮還元ジュース」とはどういう意味なのだろうか。

果物を搾ってできた果汁を、そのまま容器に詰めたものは「ストレート」ジュースと言う。「濃縮還元」の場合は、まず搾った果汁を加熱するなどして、水分を飛ばしてしまう。これが「濃縮」だ。その後、飛ばした水分と同じ量の水を加えて、元の濃度に戻す、つまり「還元」したものが、「濃縮還元」ジュースというわけだ。わざわざこんな手間をかけるのは、旬の時期に収穫した果物の果汁を、よりコンパクトにして保存するため。水を加えれば、一年中いつでも安定した味わいの100%ジュースを製造できる。

厳しい制約の中でも、各メーカーとも新商品の開発に知恵を絞っている。還元するときの水分を少なめにして、100%より濃度をあげた商品は、その名も「果汁200%ジュース」。アルコールなどで割っても果物の味が薄くならないのがポイントだ。また炭酸ガスを吹き込んで、果汁100%なのに炭酸ジュースという、新しいスタイルも登場した。厳しいといえば、パッケージの図柄にも制約があるのをご存知だろうか。**果物の断面からみずみずしい果汁がこぼれているような絵などの表示は、100%ジュースにしか使用できない**。果汁入り飲料では、果物丸ごとか、デフォルメされたイラストなどが使われているので、その違いを確認するのもおもしろいかもしれない。

ノンアルコール飲料でも、飲めば酔う？

最近ではアルコール分完全カットのビールも

飲酒運転の罰則規定が厳しくなってから、にわかに注目を集めるようになったのが「ノンアルコール」飲料だ。要するに「アルコール風味の清涼飲料水」のことで、ビール風味、カクテル風味など、さまざまなテイストのものが売り出されている。これから運転しなくてはならないが、せめてお酒の雰囲気だけでも楽しみたい、というドライバーにはピッタリだ。

しかし「ノンアルコール」といっても、アルコール分は「ゼロ」とは限らない。**酒税法では、アルコール度数が1％未満であれば「酒」とはみなされず、清涼飲料と同じ扱いになる。微量のアルコールが含まれていても、「ノンアルコール」飲料というわけだ。**製法上の限界もあり、**実際には0・5％程度のア**

ルコール分が含まれている商品が多かった。

0・5%といえど、アルコールはアルコール。飲めば飲むほど、血中アルコール濃度も上昇していく。特にドライバーは大量に飲むと、飲酒検問にひっかかって酒気帯び運転と認定される可能性もあるので、注意が必要だ。

そんななか、アルコール分を完全にカットした、正真正銘の「ノンアルコール」ビールが開発された。ドライブインなどでも販売され、売れ行きは予想外に好調だそうだ。

ドライバー以外に、酒に弱い女性や休肝日を設けたい人にもありがたい「ノンアルコール」飲料だが、やっかいなのが未成年への対応だ。酒税法上は「酒」ではなく「清涼飲料水」、しかもアルコールがまったく入っていないとなれば、未成年に販売してもかまわないことになる。

しかしビール会社によれば、「20歳以上の方の飲用を想定して開発したものであって、未成年の方にビールの味を覚えていただくために開発したわけではありません」とのこと。酒売り場のコーナーに置かれていることも多い。やはり「お酒の〝味〟も20歳になってから」が正しいのだろう。

「無期懲役でもすぐに出所できる」はウソ！

50年以上刑務所にいる受刑者も

凶悪犯罪が世間を賑わすたびに、聞こえてくるのは厳罰化を求める声だ。

日本には死刑制度があるけれど、「被害者の人数が少ない」「初犯である」「情状酌量の余地がある」そんな理由で、死刑が回避されるケースは多い。

死刑の次に厳しいのは「無期懲役刑」なのだが、「無期と言っても何年か服役すれば仮釈放で出所してくる。死刑との差がありすぎる」などと言われ、犯した罪の割には甘い刑、というイメージを持つ人も多いのではないだろうか。

しかし「無期懲役」は、それほど甘くはないようである。

日本の懲役刑には「有期懲役」と「無期懲役」があり、「有期懲役」は「懲役8年」というように、裁判でハッキリと刑期が決められる。科せられる服役期間は上限が決まっていて、最長で30年だ。「無期懲役」は読んで字のごとく、「刑期の期限がない懲役」のこと。本来は「一生、刑務所で刑に服しなさい」という刑罰なのだが、10年以上服役すれば、仮釈放の道が開かれているのは事実だ。ただし、誰でも必ず仮釈放が許されるわけではない。

仮釈放が認められるためには、まず自分の罪を心から反省し、「改悛《かいしゅん》の情」が見られることが前提だ。それから再犯の恐れがないことや、出所後の生活環境、身元引受人の存在、被害者の心情など、事細かに審理される。

すべての条件をクリアして仮釈放が許されたとしても、決して自由の身になったわけではない。一生「仮釈放中」という立場のままなのだ。つまり、**死ぬまで保護観察の対象となり、保護監察官や保護司に監視され続け、少しでも違反行為があれば刑務所に逆戻り**。娑婆に出てからも罪の償いは続くのである。

2007年の仮釈放者はたった3人！

それでは実際に、どれぐらいの無期刑者が仮釈放されたかというと、やはり厳罰化を求める世論の影響なのか、毎年、ごくわずかしかいない。

法務省によると、無期刑者数は２００９年の年末時点で１７７２人だったが、この年の仮釈放者は６名。２００７年には３人しか認められなかった。

50年服役していても、認められない受刑者もいる。マスコミは「無期でも20年で出てこられる」などと裁判の判決に憤ることもあるが、**最近は長期化しているのが特徴だ。**

さらに言えば、過去10年間の仮釈放者は合計86人だが、同じ10年間に獄中死した無期刑者はそれより多い１２６人だった。つまり無期刑になると、一生刑務所から出られないことも十分ありえるということなのだ。

こういう実態を知ってか知らずか、「終身刑」導入を検討する動きがあるようだ。終身刑とは、仮釈放はいっさい認めず、一生涯刑務所に収監する刑罰である。死刑廃止を本気で考えるなら、その代わりになる厳しい刑罰が必要だ。そこで終身刑が注目されるようになった。罪人を社会から抹殺するという意味では、確かに死刑と同じかもしれない。人権団体などは「社会復帰の道を完全に断つ残酷な刑」として異議を唱え、ドイツでは「生きながらの埋葬」だとの批判が起こり、終身刑を廃止したというが……。慎重に議論してほしいものだ。

無期刑受刑者と仮釈放者数の推移

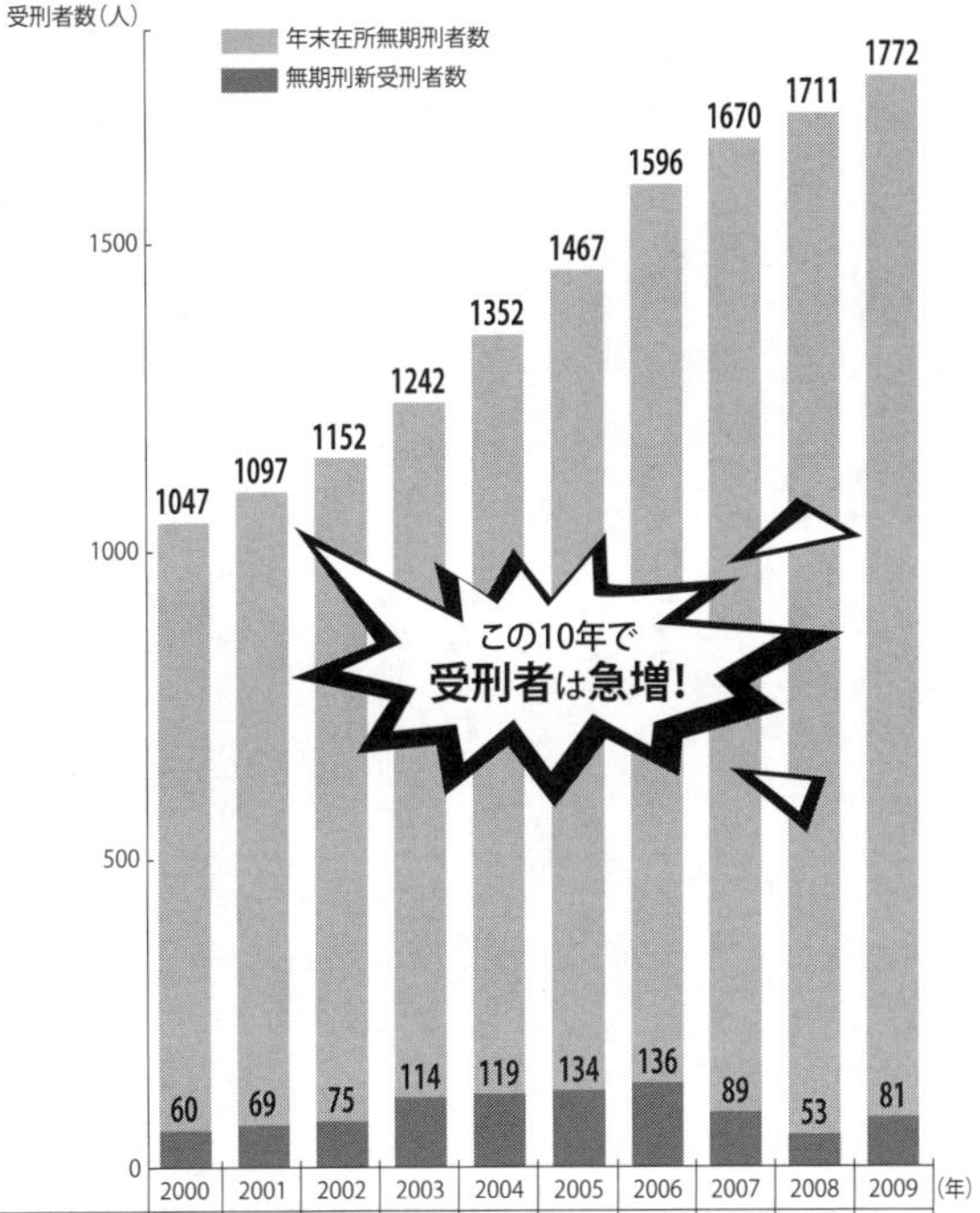

	2000	2001	2002	2003	2004	2005	2006	2007	2008	2009
無期刑仮釈放者数（人）	12	15	8	16	4	13	4	3	5	6
うち新仮釈放者の平均受刑在所期間	21年2月	22年8月	23年5月	23年4月	25年10月	27年2月	25年1月	31年10月	28年10月	30年2月

（出典：法務省「無期刑」の執行状況及び無期刑受刑者に係る仮釈放の運用状況について」）

「無料キャンペーン」のワナの仕組み

「ゼロ円」からでも利益を生み出す方法とは

長引く不況の影響で、消費者の財布の紐も随分かたくなってしまった。中途半端な「価格破壊」では、もう見向きもされない。しかし「タダ」となれば話は別だ。ハンバーガー・ショップのコーヒーや携帯電話向けのゲームなど、「無料」「0円」を謳うサービスや商品が増えている。「タダ」からどうやって利益を生み出すのか不思議だが、実はれっきとしたビジネス戦略のひとつなのだ。

「戦略」と言っても、基本的な流れはシンプルだ。まず**無料の商品で広くお客を呼び込み、その後、有料の商品を購入する方向に持っていく**、というもの。

もちろん、無料商品だけ手に入れたらそれでさようなら、というお客もいるが、そんなことは織り込み済みだ。無料商品に掛かる経費はいわば広告・宣伝費で、有料商品の顧客を一定数獲得できれば、十分モトは取れるのである。

無料のコーヒーにつられてハンバーガーショップに行ったものの、やはりそれだけで店を出るのは申し訳ないような気がして、ついハンバーガーやポテトも買ってしまい、結局予定外のお金を使うはめになった……。そんな経験をした人は結構いるのではないだろうか。原価数十円のコーヒーでも、「無料」の宣伝効果はあなどれないのだ。

この戦略の代表的なものは、ネットのデジタルコンテンツでよく見かける「**お試しは無料」という方式**。「30日間無料」など一定期間だけ無料で利用できるが、その後は有料になったり、機能が限定されているものは無料だが、バージョンアップしたものは有料など、その仕組みはいろいろだ。

コンテンツが魅力的であればあるほど効果的で、ユーザーがもっと利用したくなったところに有料コンテンツが待ちうけている、というわけだ。

携帯電話向けの無料ゲームも最初は確かに無料だが、ゲームを進めるうちにほしくなる強力なアイテムや、難易度の高いステージはしっかり有料だったりする。これもこの方式のバリエーションのひとつと言えるだろう。

無料提供商品だけでは役に立たない？

その他のパターンとして、**「初期費用は無料」という方式**がある。身近なところでは一部の携帯電話の端末がそうだ。端末料金を毎月分割して支払うのだが、その同じ金額が「割り引き」されるので、高価なスマートフォンも実質０円、つまり無料で手に入れることができる。

しかしそれを使うためには、基本料金や通信料を毎月、払い続けなくてはならない。しかも端末料金の返済途中で解約すれば、残金は一括払いが決まりだ。たとえば24回払いなら、２年間は契約し続けることになる。企業側はその間に端末代を回収し、さらに利益をあげることができるのだ。

また、**プリンターは無料だが、インクカートリッジは有料、というサービスも登場**した。インクカートリッジは毎月一定数を購入しなければならず、そこにプリンターの値段が上乗せされているという仕組み。契約年数も決まっているので、その間にプリンター代を回収するわけだ。企業も利益がなければ生き残れない。「タダ」で「無料」「０円」にするわけがないのである。

「お試しは無料」のしくみ

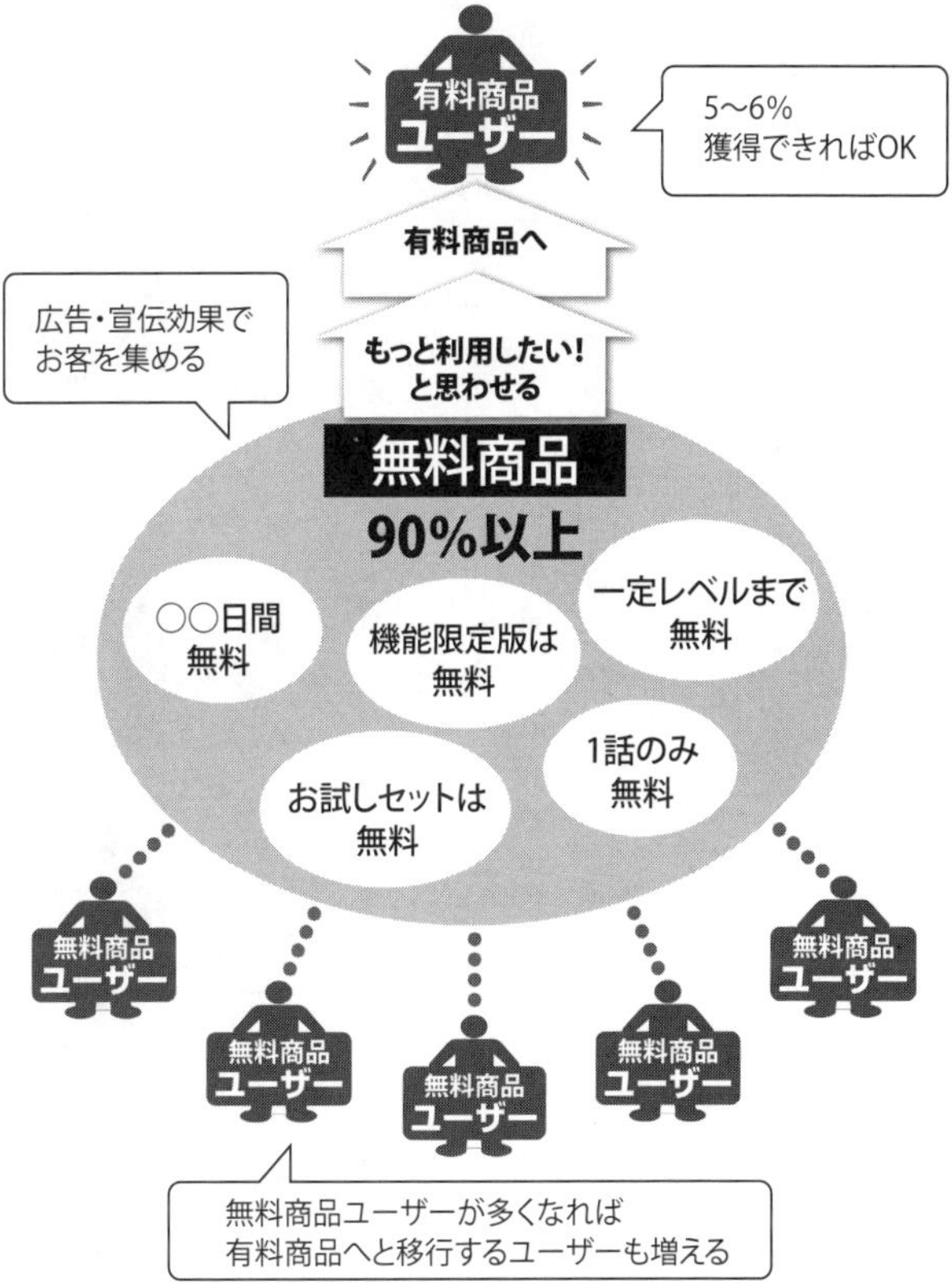
有料商品
ユーザー
5～6%
獲得できればOK
有料商品へ
もっと利用したい!
と思わせる
広告・宣伝効果で
お客を集める
無料商品
90%以上
○○日間
無料
機能限定版は
無料
一定レベルまで
無料
1話のみ
無料
お試しセットは
無料
無料商品
ユーザー
無料商品ユーザーが多くなれば
有料商品へと移行するユーザーも増える

通販のセットは買ってはいけない!?

「おまけ」と「セット価格」にカラクリが

テレビをつけると、いつでもどこかでテレビショッピングや通販番組にでくわす。情報番組のレギュラーコーナーに組み込まれるのは、もはや当たり前。通販の専門チャンネルでは、24時間ぶっ通しで物を売っている。業界最大手のジュピターショップチャンネルは1000億円を超える売り上げがあるというから、その人気のほどが窺《うかが》えようというものだ。

通販が購買意欲を掻き立てるのは、商品に魅力があるからとは限らない。キャスターの立て板に水のごとく絶え間なく続く商品説明と、合間に差し込まれる観客のどよめきや歓声、そして「注文が殺到」「もうすぐソールドアウト」と畳み込むのが通販のセオリーだ。

さらに視聴者を引きつけるのが「おまけ」だろう。「今なら○○と□□までお付けして、料金はそのまま！」とくれば、「買わなきゃ損！」という気にもなる。

おまけの分、値段を下げればいいのでは、と思うかもしれないが、もともとおまけはそれほど高価なものではない。割引率ではインパクトのある数字は出せないため、いつもの商品を安く仕入れ、売値はそのままにして、おまけをつけたほうがお得感が増すわけだ。

しかし通販を利用する上で、ちょっと気をつけたいのが「2台で○○円」「セットで□□円」というケースだ。ある通販番組で、**有名メーカーの血圧計が「2台で7980円」で販売されたことがあった。しかし他のネットショップでは1台3680円のところもあり、2台購入すると7360円とこちらの方が安いのだ。**

特に家電製品の場合は値段が変動しやすいので、ネットなどで調べたほうが安い商品を見つけることができる。「お買い得！」と反射的に電話を手にする前に、本当に必要か、本当に安いかを、じっくり検討したいところだ。

履き古した靴の下取りは、お店にどんなメリットが？

集客と購買意欲のために苦肉の策？

消費低迷で苦戦を強いられているデパートや小売業界。あの手この手で売り上げアップをはかっているが、もっとも成功しているのは「下取り」サービスではないだろうか。従来の下取りと言えば、自動車やパソコン、ゲーム機など、中古市場が確立しているものが中心だった。そこで再販売するのが目的だからだ。ところが最近の下取りは衣料品や生活雑貨など対象商品が幅広く、どんなに使い古したものでもＯＫ。すべてクーポン券や割引券と引き換えてくれるとあって、サービス期間中は不用品を抱えたお客が列をなすほどの人気だ。

店側にとってこのサービスの一番の狙いは、再販売などではなく、このようにまずお客を店舗に呼び込むことだ。不用品を手放して身軽になったついでに、店内を見て回ろう、割引券ももらったことだし、ちょっと買い物もしていこう。そんな流れがごく自然にできあがる。ある老舗デパートでは、婦人靴1足につき1050円相当のシューズクーポン券と交換するというサービスを実施したところ、1週間で1万3700人が利用し、売り上げも2倍にアップしたそうだ。**はき古した靴に1050円の価値はないが、クーポン券はその店で一定金額以上の靴を購入するときだけに使えるのがミソ。いつもなら他店で購入していたお客もクーポン券で取り込むことができ、その結果の売り上げ倍増である。**

また、大手スーツチェーンでも、スーツの下取りキャンペーンを行い好評だった。古いスーツ1着が2万1000円の割引券に化けるのだから、これを機会に新調しようというお客が詰め掛けたようだ。割引券は3万1500円以上のスーツにしか使えないが、普段は素通りしてしまうような高級スーツも、2万1000円引きなら手にとってみたくなるというものだ。

冷え込む消費意欲を活性化させることができるなら、リサイクルショップでは買い取ってもらえないような不用品に価値をつけても、店側には大きなメリットがあるのである。

降水確率100％は土砂降り予報？

いつ、どこで、どのぐらい降るかはまた別の話

毎日の天気予報で一番気にすることといえば、やはり降水確率だろう。降水確率が80％、90％と高くなると、なんとなく土砂降りをイメージしてしまうが、それは「確率」の意味を誤解している。

気象庁によると「降水確率」とは、「**一定期間内に降水量にして1㎜以上の雨または雪が降る可能性を示したもの**」。その日の降水確率は6時間単位で発表されているので、この6時間の間に合計1㎜以上の雨が降る確率だ。**例えば「降水確率60％」と100回予報したら、その内の60回は1㎜以上の雨または雪が降る、という意味**にすぎない。**6時間の間のいつ降るのか、降水量がどれ**だけになるのか、雨の強さはどうなのか、予報地域のどこに降るのか、そうい

ったことはいっさい含まれていない。 極端に言えば、降水確率が10%でも激しい雨が全域に降り続いたり、100%でも狭い地域にしとしとと短時間降るだけ、というケースもありうるということだ。もっとも「降水確率100%」というのは、年に1〜2度あるかどうか。台風の時などに発表されやすいので、土砂降りというイメージはあながち間違ってはいないようだが。

「降水量」というのは、平らな地面にどれだけ雨がたまったか、その深さで表している。「1時間で10㎜の雨」なら、1時間で1㎝の雨がたまったということだ。例えば1m四方の地面に1㎝の雨が降ったとすると、

100㎝×100㎝×1㎝=10000㎤

つまり10ℓの雨だ。1分で計算すると約170cc。1分ごとにコップ1杯分の水を頭からかぶることを想像すると、雨の強さがわかる。「㎜」という単位に惑わされてはいけない。1時間に20㎜以上で「土砂降り」、30㎜以上で「バケツをひっくり返したような激しい雨」となり、がけ崩れや川の氾濫などの災害に注意が必要になってくる。また、1日の総雨量が70㎜を超えると水害が発生すると言われているので、1時間に10㎜の雨でも油断は禁物だ。

「カロリーゼロ」は本当にゼロカロリー?

「カロリーオフ」なのに100キロカロリーの謎

ダイエットといえば若い女性のもの、というのは昔の話。最近ではメタボを恐れる中高年も、カロリーの摂りすぎを心配するご時世だ。そこでやたらと目につくようになったのが、「カロリーゼロ」や「カロリーオフ」の食品である。

しかし「カロリーがない(あるいは少ない)なら、いくら食べても大丈夫」などと安心するのは大間違い。実は**厚生労働省が定める「栄養表示基準」に従っていれば、「ゼロ」でなくても「ゼロ」と表示できる**のだ。

「栄養表示基準」では、カロリーや糖質、脂質、ナトリウムなど、摂りすぎに注意したい成分は、商品に含有量を明記することを義務づけている。だからこれらの成分が一定の基準以下しか含まれていない場合は、「心配無用」という意味で「ゼロ」「ひかえめ」などと謳ってもよいことになっているのだ。この「一定基準以下」というのがクセモノなのである。

たとえばカロリーの場合、**１００グラム（㎖）中５キロカロリー未満であれば含まないと見なされ、「ゼロカロリー」「ノンカロリー」とパッケージに印刷できる**。また、**飲料なら20キロカロリー未満、食品なら40キロカロリー未満で含有量は低いと判断され、「カロリーひかえめ」「カロリーオフ」と宣伝できる**。他の成分にもそれぞれ基準値が定められているので、「無脂肪」「ノンシュガー」が売り文句だとしても、正真正銘の「ゼロ」とは限らないのだ。

さらにここで気をつけたいのは、表示してある含有量が１００グラム（㎖）中なのか、一袋分あるいは一食分なのか、ということだ。１００㎖で20キロカロリーのダイエット飲料でも、５００㎖缶を飲めば摂取カロリーは１００キロカロリーということになる。ジョギングをしながらスポーツドリンクをガブガブ飲んでいては、本末転倒ということになりかねないことをお忘れなく。

ちなみに、**「甘さひかえめ」「うす塩味」などというのは単なる味覚の表記で、とくに規定はない**。成分含有量とは無関係なので、混同しないように。

客観的根拠が必要な比較広告

広告などでよく目にする「当社比」。これは「従来の自社製品に比べると、性能が○％ＵＰした」などという場合に使用されるが、このように他の商品と比較して、その製品の優れた点をアピールする手法を「比較広告」という。

比較するからにはキチンとした根拠が必要で、単に「2倍おいしくなった」では話にならないし、「○○効果30％増」でも、効果には個人差があるので数字化するのは不適当だ。客観的な実証がなければ「不当表示」として罰せられることもあり、なかなか厳しい。

自社製品間だけでなく、競合する他社製品と比較してももちろんかまわないのだが、一歩間違えると誹謗・中傷と受け取られかねない。特に日本の消費者はそのようなあからさまなアピールには嫌悪感を抱く可能性もあるので、ハッキリと他社ブランドを名指しして比較するような広告はほぼ見かけない。

ところがアメリカでは、この手の比較広告が盛んだ。消費者にどちらの商品が優れているかを評価させ、自社製品が勝ったと見るや、相手企業のロゴまで使って、各種メディアで堂々と「勝利宣言」するしまつ。広告にもお国柄というものは現れるようだ。

4章
知らないと損する!?
暮らしの数字

「省エネ家電で元がとれる」のウソ

エアコン1日18時間かけっぱなしで計算する不思議

福島第一原発事故の影響で、この夏は家庭でも省エネ・節電が求められたが、冬は夏以上に節電が必要になるとも言われている。省エネ家電への買い替えを検討している人もいるだろうが、効果のほどはどうだろうか。

例えばエアコンの場合。家電の中ではもっとも電力を消費すると言われており、メーカー同士で省エネ競争を繰り広げている。カタログなどを見ると、「○年前の商品に比べると電力使用料は□%ダウン」というように、省エネ性能のアピールに余念がない。メーカーが公表している消費電力はJISが定めた測定方法に則って算出しなくてはならないので、公正な数字かと思いきや、その算出基準には少々首を傾げざるを得ないような条件が設定されている。

ＪＩＳの算出基準では、エアコンの試用期間は冷房が3・6カ月、暖房は5・5カ月。しかも毎日18時間使用するという条件で計算することになっている。ところが産業技術総合研究所が関東地方の家庭の実態を調査したところ、年平均使用時間は、冷房が436時間、暖房が305時間だったそうだ。**使用時間にしてＪＩＳの基準の約18％、年間消費電力量は17％にすぎないという。**

仮に「10年前の機種なら消費電力は2000ｋＷｈ。新機種には40％の節電効果があるので1200ｋＷｈに下がる」という省エネタイプのエアコンがあったとしよう。全国平均の電気料金は「1ｋＷｈ＝22円」なので、これを用いて換算すると「4万4000円が2万6400円にダウン！　年間1万7600円もお得」と、お財布にやさしいことも大きく宣伝できる。

しかし前出の実態に合わせ、これらの数字をざっくりと5分の1にすると、「年間電気消費量は10年前は400ｋＷｈで、新機種は240ｋＷｈ。電気料金は8800円から5280円にダウン。年間3520円お得」となる。

つまり、**インパクトのある省エネ効果は長い使用時間があってこそ、**ということだ。

省エネタイプのエアコンは高価なものが多いが、「電気代が安くなるので、すぐに元はとれる」と思いこみがちだ。しかし年間数千円の違いだとすると、元をとるより早く、エアコンに寿命がきてしまう可能性もある。

裏技でトップランナー試験をクリア？

省エネ法では「トップランナー制度」を導入しており、クーラーなどの特定の製品に対して、一定水準の省エネ効果を課すようになった。メーカー側はその基準をクリアしなければならないのだが、開発するにはコストも時間もかかる。そこで省エネ性能の試験対策として、消費者が通常では知りえない操作を行い、大騒音をあげて強風を吹き出したり、また除湿機能が働かないようにするのだ。家庭では絶対に必要な快適性を無視すれば、消費電力は抑えられる。試験をクリアしてしまえばこっちのもの、ということだ。

これに対し、2011年7月、エアコンの省エネ性能の表示に不適切なものがあったと消費者庁が公表、各メーカーに情報を開示するよう要請した。節電のためにも、ぜひ誠実な対応をのぞみたい。

省エネ家電

●JISによるエアコンのカタログ値の算出条件

期間…冷房期間3.6カ月（6月2日～9月21日）
暖房期間5.5カ月（10月28日～4月14日）
外気温度…東京をモデルとする
設定温度…冷房時27℃　暖房時20℃
使用時間…６時～24時（18時間）
住宅…平均的な木造住宅（南向き）
部屋の広さ…機種に見合った広さの部屋

産業技術総合研究所による調査では、関東地方の家庭の年平均使用時間は、
冷房 436時間
暖房 305時間

算出条件とはかなり差がある

●経済産業省と内閣官房発表の省エネ対策による効果

エアコン	暖房時の設定温度を１度調整… 10% フィルターの目詰まりを掃除してなくす… 6%
冷蔵庫（400ℓクラス）	冷蔵強度を「強」から「中」に… 11% 詰め込み度を「ぎっしり」から「半分」に… 8%
待機電力をこまめに止める	家電全体の消費電力量のうち 6% が待機電力消費

※現在の家電は省エネ設計が進んでいるので、これはあくまでも参考値（数値は消費電力の削減値）

車のカタログの燃費にダマされるな！

実際の燃費は4割減という報告も！

地球温暖化対策の一環としてエコカーを推進する国土交通省は、毎年、燃費性能に優れた乗用車のランキングを発表している。2010年度の1位はトヨタ・プリウス。燃費は1ℓあたり38㎞だ。5位までにランキングされた車は、すべて燃費30㎞以上である。「いやいや、実際はそんなに走れない」と思う方もいるだろう。どうやら燃費の出し方に、いろいろカラクリがあるようなのだ。

これまでメーカーのカタログなどに記載されていた燃費は、運輸省（現・国交省）が定めた「10・15モード」という測定方法で測ったもの。市街地や郊外を想定した走行パターンを、決められた条件で走って燃費を分析していく。しかし**実際に道路に出てテストするわけではなく、いわば車用のルームランナー**

のような装置を使っての計測だ。しかも、**加速・減速の割合が決まっていて走りが単調、エンジンが温まってからテスト開始、エアコンはつけないなど、燃料がより必要になるはずの状況は含まれていない。**さらには、コンピュータープログラムをテスト用に調整していたり、専門のテクニックを持ったドライバーを用意しているとも言われていて、ユーザーの実感とかけ離れた数値が出てしまうのは当たり前である。

実際の走行距離から燃費を算出しているサイト「e燃費」によれば、実燃費はカタログ燃費の6割程度しかないという。外国車は日本の測定方法に特別な対策は取れないので、カタログ燃費との差は10%程度だそうだ。

そこで国交省は**2007年から新たな測定方法「JC08モード」を導入、11年4月以降は新モードでのカタログ表記を義務づけた。より実燃費に近くなるよう走行パターンを複雑化したJC08モードでは、従来より1割ほど少ない数値が出るらしい。**それでも実態にはまだ遠い。今は各国が独自の測定方法を採用しているが、近いうちに世界基準が設けられることになった。同じ土俵に立ったとき、日本の真価が問われるのではないだろうか。

不動産広告の間取り図が広く見える理由

専有面積はどのようにして計測された数字か

アパートやマンションの広告を見ると、間取り図とともに「専有面積○㎡」「洋室○畳」という表記があり、おおよその広さをイメージできるようになっている。しかし実際に現地に行ってみると、思ったより部屋が狭く感じられて、何だかがっかりした、という経験はないだろうか。それは、別に誇大広告をしているというわけではなく、不動産特有の計測方法のせいなのだ。

まず押さえておきたいのは、マンションのような区分所有建物の場合、専有面積の計算方法が二通りあるということだ。ひとつは「**内法**《うちのり》**計算**」といって、**壁の内側を測って計算する方法**。つまり「部屋の内寸」である。登記簿には、この内法計算で出した面積が記載される。もうひとつは「**壁芯計算**」で、**これ**

は壁の芯の中心点から測って計算する方法。壁の厚みも面積に加えるということだ。こちらは、建築確認を申請するときに用いられる。同じ部屋を測っても、当然、壁芯計算のほうが専有面積はやや広くなるわけだ。

では、**不動産広告ではどちらを採用しているかというと、「不動産の表示に関する公正競争規約（表示規約）」では原則的に「壁芯計算」で出した専有面積を表示するよう定めている。**少しでも広めに宣伝したいのかもしれないが、住宅ローン控除などが受けられるかどうかは登記簿の内法計算の専有面積で決まるので、マンション購入者には不親切なルールと言えるだろう。ただし、中古マンションや賃貸物件などは内法計算で表示してもよいことになっている。そのため、チラシに書いてある専有面積は同じなのに、賃貸アパートより新築マンションのほうが狭く感じるという、皮肉な結果になることもあるのだ。

同じ6畳間でも京間と江戸間では1畳分の差が

とはいえ㎡で表す専有面積よりも、やはり各居室を畳の数で示してあるほうが、広さを実感できるというもの。不動産広告では和室はもちろん、洋室やりビングさえも「約○畳」「○畳大」というように表記されている。しかし畳のサイズは地域によって異なるので、思い浮かべる大きさも人それぞれ。

まず、和室の場合。**大きめの「京間」の1畳は約1・82㎡、小ぶりな「江戸間」は約1・54㎡、その差はなんと約30㎠。6畳間ならおよそ1畳分もの差が出てしまう。**関西地方の京間に慣れている人は、東京のアパートの狭さに驚くかもしれない。

洋室などを畳に換算する場合は、「畳1枚当たりの面積は1・62㎡以上」と定められており、部屋の面積をこの数字で割れば畳数が出せる。江戸間より大きく設定しているとは、意外にも（?）良心的だ。

しかし新築分譲マンションの面積は壁芯計算。梁などのでっぱりも面積の中に組み込まれている。「洋室約5・5畳」が、実際は4畳半ぐらいにしか感じられないこともあるだろう。

リビングなどは通路の面積まで含まれているので、10畳以上と表示されていても、有効に使えるスペースはかなり狭くなる。広告の間取り図だけを見て夢をふくらませると、がっかり感は増すばかりだ。

部屋の広さ

●畳の大きさの比較

※ 小数点第3位以下切り捨て
（単位：㎡）

	京間	表示規約	江戸間	団地間
1畳の面積	1.82	1.62（以上）	1.54	1.44
6畳の面積	10.94	9.72（以上）	9.24	8.67
6畳の面積の差（京間との比較）	—	-1.22	-1.7	-2.27

京間：関西から九州にかけて使用された畳。「本間」ともいう

江戸間：静岡から関東にかけて使用された畳。「関東間」ともいう

団地間：サイズが規定されているわけではないが、江戸間よりは小ぶり。団地で使用された畳で「団地サイズ」などと呼ばれた

●内法計算の測り方

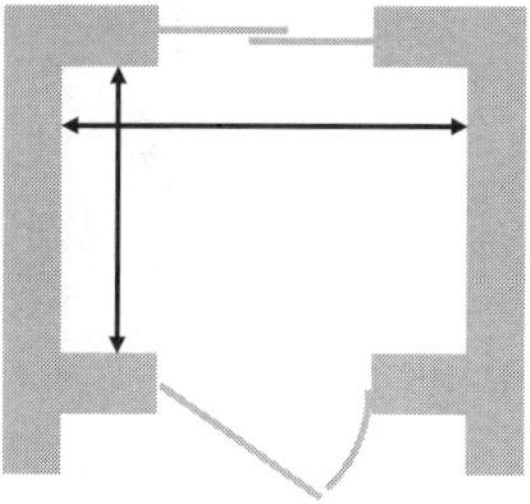

●壁芯計算の測り方

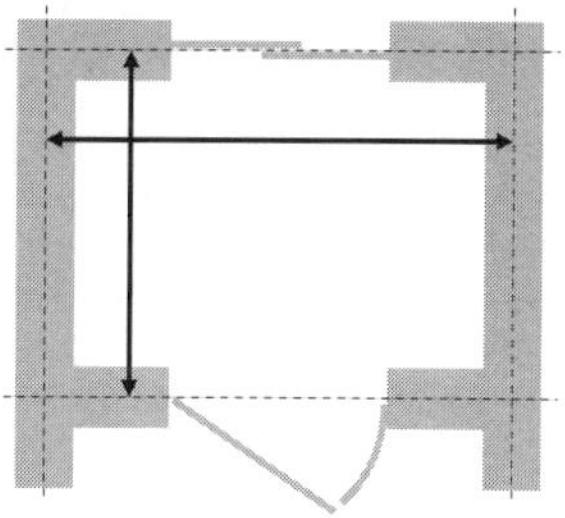

「駅から徒歩5分」の落とし穴

「改札」から「玄関」までとはかぎらない

アパートやマンションを選ぶとき、最寄り駅からの距離は重要なポイント。不動産広告に載っている「徒歩〇分」という数字は、信じていいのだろうか。

「不動産の表示に関する公正競争規約（表示規約）」では「80mを1分」として算出するように定めている。たとえば駅から400mのところに物件があれば、「400m÷80m＝徒歩5分」というわけだ。

この「80mを1分間で歩く」というのはどこから出てきた数字かというと、不動産公正取引協議会連合会によれば「女性がパンプスなどヒールのついた靴を履いて、歩いて測ったものを基準にした」とのこと。ちなみに数年前にイギリスの公的機関が、各国の市民の歩くスピードを調査したことがあるが、日本人は18mを平均12・83秒で歩くそうだ。ということは秒速1・4mなので、1分間に歩ける距離は約84m。不動産の表示規約の数字は信頼してよさそうだ。もっとも高齢者や子どもなど、人によって多少の誤差は出るだろう。

次に、最寄り駅までの距離をどうやって測っているか。ここにちょっとした落とし穴がある。**測る地点は、現地に一番近い「駅構内」から、駅に一番近い「物件の敷地」まで。つまり、駅の改札口からマンションのエントランスまでの距離というわけではないのだ。**地下通路の長い駅や、敷地の広い大型マンションだと、広告表示よりかなり時間がかかってしまうはずだ。

他にも、**エレベーターや踏み切り、信号の数、あるいは坂道などの地形も、もちろん「1分80m」の中に考慮されていない。**女性の場合は人気のない道を避けて、遠回りのルートを使うこともある。広告の数字はあくまでも参考程度と考えて、実際に自分で歩いてみるのが一番確実だ。

また最近では、自転車での所要時間を表示している広告もある。しかし徒歩のようにはっきりとした決まりは、まだないようだ。1分あたり200～250mが相場だが、こちらも自分で確認することをおすすめしたい。

住宅ローンの甘いワナ

キャンペーン金利につられるな！

マイホームは一世一代の大きな買い物だ。ローンを組むなら少しでも楽に返済できるよう慎重に吟味して決めたいところだが、巨額の借入金と長い返済期間を前にすると、ワケがわからなくなってしまうことも。特に金利に対する認識が甘ければ、一生の不覚、ということにもなりかねない。

不動産広告でまず気になるのは毎月の返済例だろう。「家賃並みの支払いで夢のマイホーム」「頭金ゼロ円でも大丈夫」そんな宣伝文句とともに並んでいる返済額を見ると、確かに手が届きそうな気になる。

しかし**見逃してはいけないのが、その下に小さな文字で書いてある「3年固定金利1％」とか「特別優遇金利適用」という一文**だ。これは「初めの一定期間だけの、特別に安い金利で計算しました。その後は高くなります」という意味だと思って間違いない。**特別優遇金利はキャンペーン金利とも言い、各金融機関がお客を呼び込むために設定した金利だ。しかしキャンペーン期間が過ぎれば、本来の基準金利（店頭金利）が適用されることになる。**現在のところ、固定金利（10年）なら2～4％と金融機関によってさまざまだ。

たとえばマンション購入に3000万円を借り入れ、35年返済のローンを組んだとする。「3年固定金利1％」の場合、当初3年間は毎月の返済額が8万5000円程度。その後に適用される基準金利が3％の場合、毎月の返済額は約11万3000円。1カ月に3万円弱、1年間で30万円以上も負担が増える計算だ。しかもチラシの返済例には、毎月の管理費や修繕積立金は含まれていない。これらを合計すると、相当お高い賃貸物件の「家賃並み」になる。

今は低金利時代なので変動金利が人気だが、すでに上昇傾向にあるとも言われている。1年後の金利がどうなっているか予測不能だ。ましてや10年20年先のことなど誰にもわからない。鼻先にぶら下げられた低金利ローンに飛びつくと、後々後悔することになりそうだ。

頭金なしはローン会社を喜ばせるだけ？

「頭金ゼロ」というのも魅力的な宣伝文句だ。貯金がなくてもマイホームが持てるのだから、若い世代にはありがたい。しかしこれも甘い罠なのである。

ローンの毎月の支払額は、借りたお金（元金）の返済分と利息の支払い分を足した金額。金利は元金にかかるので、元金を少なくすればそれだけ利息も少なくなる。頭金がないと、毎月の返済金はどうしても高くなってしまうわけだ。

逆に、元金をどんどん減らしてしまおうというのが「繰上げ返済」だ。余裕ができたときに返済額以上の金額を支払うのだが、3000万円を金利3％（固定）で借りて、30年返済のローンを組んだ場合。例えば3回目の支払い時に100万円ほど上乗せすると、返済期間が1年6カ月も短くなる。トータルで利息140万円の倹約だ。金融機関にしてみれば、利息はすなわち利益である。「頭金ゼロ」でお客を取り込み、生かさず殺さずいつまでも利息を払わせたい。そんな思惑に対抗するには、やはりセオリー通りに頭金が貯まるまで、マイホーム購入は思いとどまったほうがいいかもしれない。

金利による総返済額・総利息額の違い

借入金3000万円
35年の長期固定金利
住宅ローン、元利均等

●ボーナス払いなし

金利	2.5%	3.0%	3.5%
毎月返済額	10.8万円	11.6万円	12.4万円
総返済額	4505万円	4850万円	5208万円
総金利額	1505万円	1850万円	2208万円

差 約345万円

差 約703万円

0.5%の違いでも金利は大きく違ってくる!!

●ボーナス払いあり（借入額の2割）

金利	2.5%	3.0%	3.5%
毎月返済額	8.6万円	9.3万円	10万円
ボーナス返済額	13万円	14万円	15万円
総返済額	4508万円	4853万円	5212万円
総金利額	1508万円	1853万円	2212万円

ボーナス併用払いの方がボーナス払いなしより返済額が多くなる

携帯電話の電池切れには理由があった！

持ち歩くだけで早まる電力消費

毎日の生活に片時も手放せなくなった携帯電話。通話やメール以外にも、さまざまなコンテンツを利用する機会が増えるにつれ、気になるのは外出先での電池切れだ。携帯電話を買い換えるとき、バッテリーのパワーをチェックするユーザーは多い。だが仕様書にある連続待ち受け時間は、あてにならないのだ。

「連続待ち受け時間」とは、フル充電した携帯電話を、通話もメールもいっさい利用せず、電波が良好なところにただ静かに置いておいた場合、バッテリーがどれぐらいもつかを表している。この「電波が良好」と「静かに置いておく」というのがミソ。**実は携帯電話は、持ち歩くだけで電池の消耗が早まるのだ。**

携帯電話は常にいちばん近い無線基地局（アンテナ）の位置を把握しようと

するので、移動時に次々とアンテナを切り替えていく性質がある。電波状況の悪いエリアに入れば、見つけにくいアンテナを捜し求めて余計な体力も使う。こうしてユーザーが知らないうちに、電池はじわじわ目減りしていくのだ。

乾電池型のアイコンで表示されるバッテリー残量も、素直に信じてはいけない。**1メモリが電池の1／3量を表しているわけでなく、フル充電から70％以上の電池を消耗すると1メモリ消え、残り10％以下になると2メモリ目が消える。**つまり、3メモリともきれいに表示されていても、あれよあれよという間に電池切れになってしまうことも。ゲームをしたり音楽を再生するわけではないし、仕様書には待ち受け時間が300時間と書いてあるし、バッテリーアイコンも欠けてないし、まだまだ充電しなくて大丈夫、などと油断していたら、いざという時に電池切れで使えなかった、ということになる。ソーラー充電器も登場したが、太陽光に10分あてて1分間の通話が可能なレベルだ。

アプリケーションが豊富なスマートフォンではさらに深刻。せっかくの高性能を無駄にしないために、ワイヤレス給電や、大容量のリチウムイオン2次電池の開発・実用化が急がれている。

パソコンの空き容量の数字、計算が合わない理由とは？

同じHDDなのに10進法と2進法、2種類の数値が

２００３年に、アメリカで大手パソコンメーカー数社が同時に訴えられたことがあった。訴訟内容は、パソコンのＨＤＤ（ハードディスクドライブ）の容量がカタログ表記より少なかったので、それがケシカラン！　ということだったらしい。これは**ハードウェアとソフトウェアでは、単位の計算の仕方が違うことが原因**だ。メーカー側に何か良からぬ思惑があったわけではない。

ハードウェアの場合、１０００を一単位として、１バイト×１０００＝１キロバイト（ＫＢ）、１ＫＢ×１０００＝１メガバイト（ＭＢ）。以降、**１０００かけるごとに１ギガ（ＧＢ）、１テラ（ＴＢ）と単位が変わる。**

１ＴＢは１０００×１０００×１０００×１０００＝１兆バイトだ。

一方、**ソフトウェアの場合は10進法ではなく、コンピュータ独特の2進法で計算するので、１０２４倍ごとに次の単位に上がる。**つまり、１バイト×１０２４＝１ＫＢ、１ＫＢ×１０２４＝１ＭＢ……となり、１ＴＢは１０２４×１０２４×１０２４×１０２４＝１兆９９５億１１６２万７７７６バイト。

同じ１ＴＢでもこんなに差があるのだ。

メーカー側は10進法で容量を表示するが、パソコンのプロパティでは2進法に直して表示されてしまう。例えば、カタログに「１５０ＧＢのハードディスク」と表記されていたとすると、１５０×１０００×１０００×１０００＝１５００億バイト。これを2進法の計算方式で直すと、１５００億バイト÷１０２４÷１０２４÷１０２４＝約１４０ＧＢとなる。「１５０ＧＢだと思っていたのに、実際には１４０ＧＢしかない。これじゃ詐欺だ！」と、メーカーを訴えたくなるというわけだ。何かと誤解を招いて紛らわしいので、ちゃんと区別できるように単位を変えるべき、という意見は以前からある。

実際に2進法のほうに「１Ｋｉ（キビ）」「１Ｍｉ（メビ）」という新しい単位が決められたのだが、今のところ普及しているとは言いがたい。

大容量化が進み、SSDで高速化も

HDDの容量が少なくなる理由としては、フォーマット情報に一部が使われるから、ということもある。OSがインストールされた時点ですでに1~2GB使用されており、一般に市販されているパソコンには最初から多くのソフトウェアが入っているので、その分も消費済みだ。「そんなソフト、どうせ使わないのにもったいない」と思うかもしれないが、最近では、一般ユーザーでもゲームや動画といった重いデータを保存するようになったので、HDDの容量はどんどん拡大している。家庭用デスクトップパソコンならTB超、ノートパソコンでも500GB超と大容量化が進む。

しかし容量が大きいとあれもこれも保存して、何がどこにあるのか収拾がつかなくなり、アプリケーションの起動にも時間がかかる。そこで注目されているのがフラッシュメモリにデータを格納するSSDだ。ディスクを持たないので高速で読み書きでき、衝撃にも強いという。大容量化に高速化……日々進化するのはけっこうだが、パソコン弱者はますます置いてけぼりになりそうだ。

パソコンのハードディスク容量

●ハードディスク容量の計算方法

カタログ表記の容量	OS上での表示容量
40 GB	37.25 GB
80 GB	74.51 GB
120 GB	111.76 GB
160 GB	149.01 GB
250 GB	232.83 GB
300 GB	279.40 GB
320 GB	298.02 GB
400 GB	372.53 GB
500 GB	465.66 GB
640 GB	596.05 GB
750 GB	698.49 GB
1.0 TB	931.32 GB
1.5 TB	1396.98 GB
2 TB	1818.99 GB
4 TB	3637.98 GB
6 TB	5456.97 GB
8 TB	7275.96 GB

たとえば500GBのハードディスクの場合、465GB以上あれば大丈夫!＊

＊ただし、システム領域を除いた容量が表示されるため、OS上では上記の値より少なく表示されることがある

（出典：BUFFALO）

デジタルカメラって「高画素数」＝「高画質」？

ほどほどの画素数のほうが写真はきれいに仕上がる

ほんの数年前までは、30万画素が主流だったコンパクトデジタルカメラ（コンデジ）。それがあれよあれよという間に400、500万画素となり、店頭には1000万画素以上の最新モデルがズラリと並ぶようになった。「画素数の高さは技術の進歩、高性能の証し、何だかいい写真が撮れそう」と思い込みがちだが、実際はそう単純な話ではないらしい。

デジタルカメラとは、簡単に言えば光をデジタルデータに置き換えて映像化するカメラ。その役目を担うのがイメージセンサ（CCD／CMOS）という半導体で、これがいわばフィルムに相当する部分だ。イメージセンサは細かく分割され、それぞれが光を取り込みながらひとつの色を表現する。つまりデジカメで撮影した写真は、細かな点で描かれた点描画のようなもの。この点が画素である。イメージセンサを40万に分割すれば40万画素、1000万に分割すれば1000万画素となる。ということは、より細かく分割したほうが被写体の微妙な色彩が表現でき、写真はもっと鮮明になるはずだ。

ところが、**画素数が高くなると1画素の面積は小さくなり、イメージセンサが受け取る光も弱くなってしまうのだ。その結果、1画素ごとの色の再現力が落ちて、期待したほどの画質にならなかったと落胆する羽目に。**

カメラ初心者にはそれほどの違いはわからないかもしれないが、高画素数カメラに替えたら何だが奥行きのない、ザラザラした画質の写真になってしまったと、なげくベテランユーザーは多い。

A4サイズまでなら400万画素で十分！

プロが使うような35ミリフルサイズの一眼レフであれば、イメージセンサ全体の面積が大きく、高画素を生かせるだけの受光能力もあるのだが、当然ながらかなり高価だ。手ごろな値段のコンデジは、イメージセンサのもともとの面積が小さいので、実は画素数にこだわる必要はあまりない。むしろ写真の用途に見合ったほどほどの画素数を選び、光をちゃんと取り込めるようにしたほうが、かえってきれいな写真を楽しめるのだ。

たとえば**写真プリントのサービス判や葉書サイズなら200〜300万画素で十分だし、A4サイズに引き伸ばす場合でも400万画素なら対応できるという。旅先のスナップ写真や年賀状、ブログにアップする程度なら、300〜400万画素のコンデジですべてまかなえるということだ。**

余談ながら、カメラつき携帯も高画素化が進んでいるものの、画質はやはりデジカメにはかなわない。これはコンデジよりもさらに小さいイメージセンサを使用しているからだ。

もちろんデジカメ技術は日々進歩している。少ない光でも画質が鮮やかになるように画像処理技術を向上させたり、スムーズな連写を可能にする高度な画像エンジンを搭載するなど、各メーカーともに独自の改良を進めている。

高画素化競争もそろそろ落ち着きつつあるので、これからデジカメを買うなら画素数に惑わされず、性能重視で選びたい。

プリントサイズと必要画素数

※解像度を200dpi～350dpiとした場合

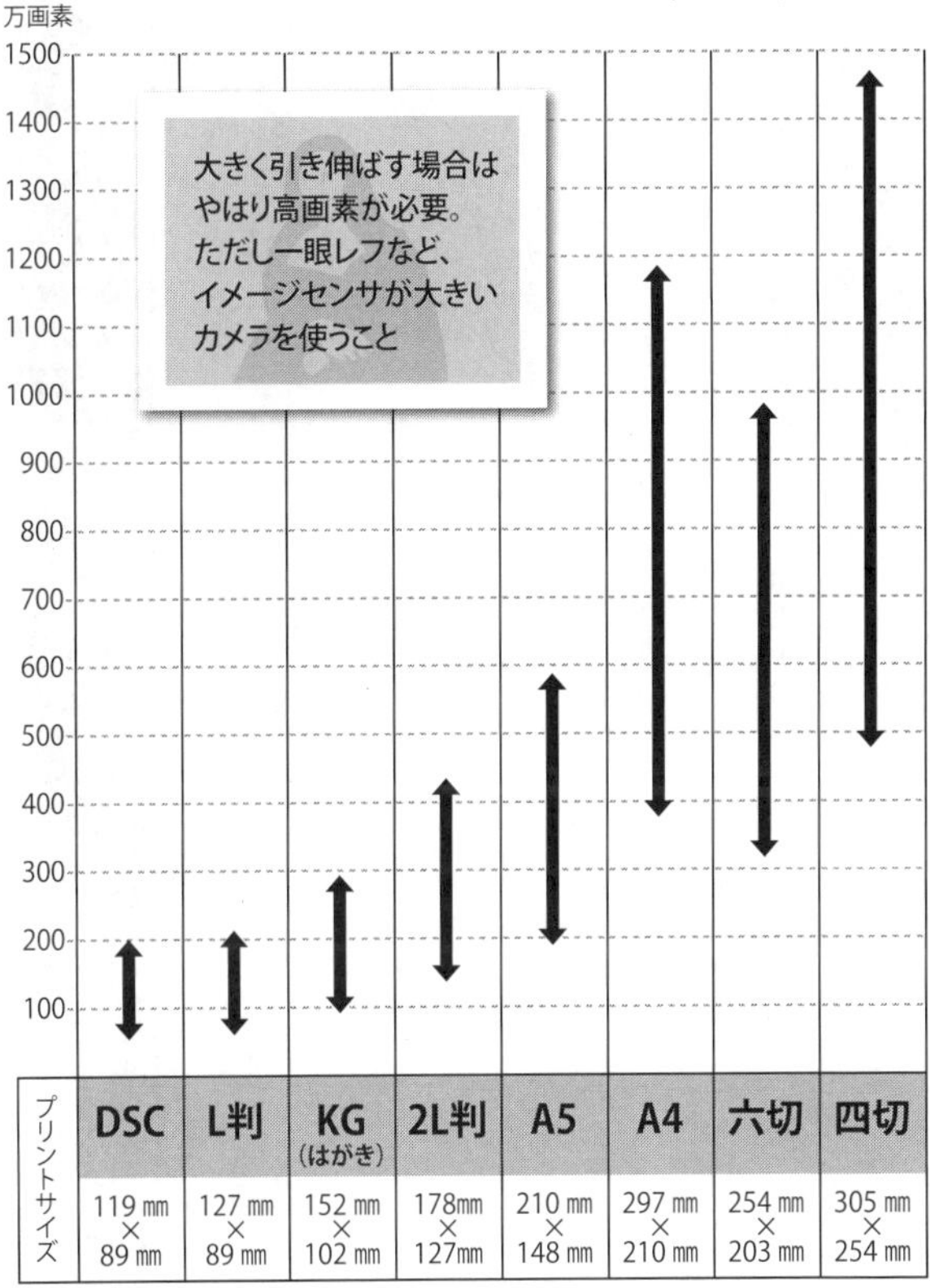

プリントサイズ	DSC	L判	KG（はがき）	2L判	A5	A4	六切	四切
	119mm × 89mm	127mm × 89mm	152mm × 102mm	178mm × 127mm	210mm × 148mm	297mm × 210mm	254mm × 203mm	305mm × 254mm

光ファイバーなら200メガクラスも一瞬で送信可能？

実測は2分の1から4分の1程度

ナローバンドにブロードバンド、ＩＳＤＮにＡＤＳＬ、それからＦＴＴＨとかＰＬＣってなんだっけ？　インターネットの接続には、新旧入り乱れてさまざまな種類がある。カタカナやアルファベットばかりで何がなにやらさっぱり、という人も多いだろう。ともあれ、ほんの十数年前に比べれば、大量の情報を素早くやり取りできるようになり、その急速な進歩には驚くばかりだ。

インターネットの初期のころは、アナログの電話回線を利用するいわゆるダイアルアップ回線で、通信速度は最大56ｋｂｐｓ。その後ＩＳＤＮ回線（最大128ｋｂｐｓ）やＡＤＳＬ回線（最大50・5Ｍｂｐｓ＝5万5００ｋｂｐｓ）を経て、今では光ファイバー回線（最大1Ｇｂｐｓ＝1００万ｋｂｐｓ）が主流だ。光ファイバーならすぐに送れる100MBの写真も、ダイアルアップだと4時間以上もかかっていたという（送信のことは上りという）。

ところで、**通信速度を表記する際、「最大」という言葉をつけるのは、ユーザーが必ずその速度で利用できるとは限らないからだ。**「計算上はこういう速度になるが、実用速度はまた別の話」ということなのだが、インターネットは接続環境によって影響を受けやすいので、仕方ないところもある。

ADSLなどで利用される電話回線は、道路と車の関係に似ている。接続する場所からNTT収容局までの距離が遠かったり、他の車（利用者）が多くて混雑すれば、時間がかかってしまう。

光ファイバーの場合は距離はほとんど関係ないものの、マンションなどでは1本のケーブルを複数で共有するので、使用時間が集中するとやはり混雑して遅くなる。一般に、インターネットの混雑のピークは夜8時から11時まで。この時間を避けて利用すれば、いつもよりスムーズかもしれない。

また、スパイウェアやウィルスの進入、ブラウザの機能拡張などが、パソコンのメモリや処理能力に影響して、通信速度を低下させることもある。

こうしてさまざまな影響を受けるため、速度測定サイトなどでの測定値を見ると、実際には最大速度の2分の1〜4分の1程度のことが多いようだ。それでも動画を見るには十分対応できるらしいので、そう心配はいらないだろう。

まだまだ不安定な高速モバイル通信

ワイヤレスで配線工事のいらないモバイルインターネットも、大容量、高速化が進んでいる。下り（ダウンロード、閲覧全般）最大40Mbps以上という、ADSL並みのサービスが続々と登場し、注目を集めているようだ。

しかし携帯端末は電波で基地局とつながっているので、固定回線よりもさらに周囲の環境に左右されやすい。基地局との距離やビルなどの障害物、混み具合によって速度はどんどん遅くなり、宣伝文句ほどの通信速度を実感することはほとんどなさそうだ。メーカー側は基地局の増設や、無線LAN接続機能の搭載などで、この問題をクリアしようとしているが、まだ発展途上といえる。

電波状況が良好な場所から動けないなら、モバイルの意味がない。行動範囲内の電波状況を把握しておくことが、快適なネット生活を送るコツだろう。

通信速度・実際はどのくらい出る?

参考（一例）

光回線 下り 最大100〜200Mbps 上り 最大100Mbps
ADSL 下り 最大50Mbps 上り 最大5Mbps
高速モバイル通信 下り 最大40Mbps 上り 最大10Mbps

マンションタイプ／最大100Mbpsの場合

速度測定診断サイト3カ所で測定した結果（一例）

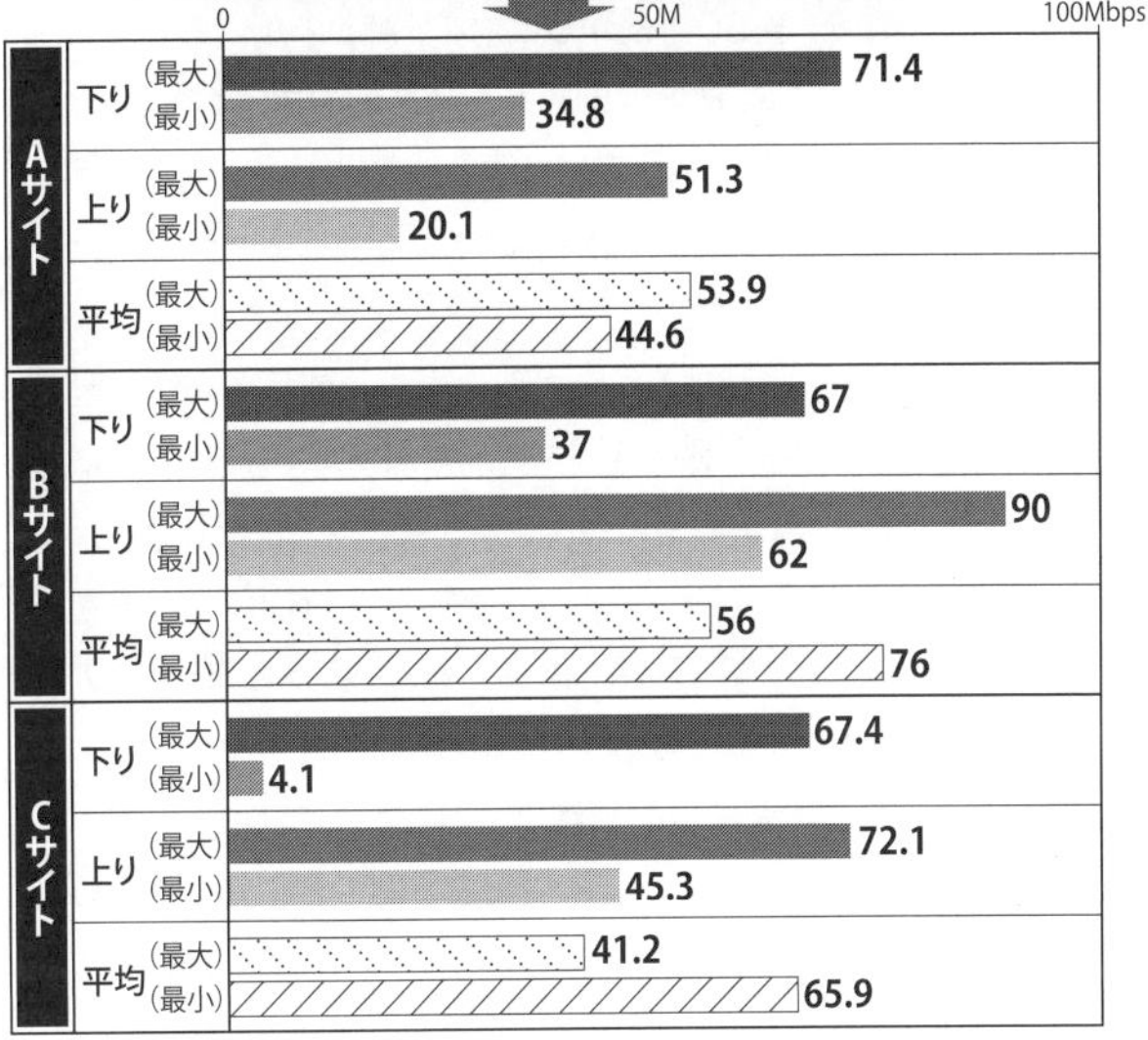

※1日2回（午前11時・午後10時）計測・6日間 ※平均はそれぞれの最大値と最小値を除いた平均の数値
※サービスや利用環境等により、結果は異なります

1日が1秒間長くなる「うるう時間」とは

2009年の1月1日は、実はいつもより1秒間だけ長かったことをご存知だろうか。いわゆる「うるう時間」というもので、世界標準の時間と、天体の動きとのズレを調整するために、1秒間増やしたのである。

そもそも「時間」は、地球の公転・自転に基づいて決められていたが、約50年前からは「原子時計」が使われるようになった。電磁波が規則正しく時を刻む原子時計は、「数十万年に1秒」しかズレないという恐ろしいほどの高精度。ところが肝心の地球のほうが、じつはそれほど規則正しくはなかったのだ。

地球の自転速度は、月や太陽の引力、海面や大気の動きなど、内外から影響を受けてだんだん遅くなっているという。そのため、原子時計とのズレが0.9秒以上にならないように、うるう時間を設けているのである。1958年から現在までの間に、合計34秒間も調整したというから驚く。昔のほうが1日が短かったのだ。

しかし東日本大震災の影響で、自転速度が100万分の1秒程度短くなったという分析もある。なにせ宇宙レベルの自然の話だ。地球の動きがどう変化していくかは予測不能。次回の「うるう時間」の実施は、未定だそうだ。

5章
知っておきたい「意味を持つ数字」の読み方

ポイント還元を賢く利用する方法

場合によっては直接割引のほうがお得なことも

今や多くの店で導入されているポイントカード。上手に使いこなして倹約に役立てたいなら、ポイント還元率のことを正しく理解しておかないと、思わぬところで損をするハメになる。

家電量販店で定着しているポイント還元サービスで考えてみよう。「20％のポイント還元」などと謳われていると、素直に「20％割り引き」と受け取ってしまいがちだ。しかし**「ポイント還元率」と「割引率」はイコールではない。**

例えば、1万円の商品を購入した場合、20％のポイント還元なら2000ポイントもらえる。このポイントを使って2000円の商品を購入できるが、この時は新たにポイントはつかない。ということは、合計1万2000円の商品を

無ポイントで1万円で購入したのと同じ。つまり割引率は16・7%なのである。

別の考え方も紹介しよう。同じく1万円の商品を、20%引きの店で買う。購入金額は8000円だ。おつりの2000円を持って家電量販店に行き、ポイント還元つきの商品を買うと、10%なら200ポイント、20%なら400ポイントもらえる。こちらの買い方のほうが、ポイント分だけお得というわけだ。

高価な商品を買うときに備えて、ポイントをコツコツためている人も多いだろう。しかしポイントを使うかどうかは、商品の価格より、ポイント還元率で決めるほうが利口だ。5万円分のポイントを手にするには、5%還元商品だと合計100万円購入しなくてはならない。しかし20%還元商品なら25万円分でOKだ。家電は商品単価が高いので、数%の違いは大きい。店の利用頻度にもよるが、**還元率の高い商品でポイントをため、低い商品の購入時に使う、というのがいちばん賢い利用法だと言えるだろう。**

1ポイントの価値が違うクレジットカード

クレジットカードも使えば使うほどポイントがたまるが、こちらの還元率はちょっと複雑だ。**同じ1ポイントでも、クレジットカード会社によって価値が違う**からである。

例えば、100円ごとに1ポイントもらえるAカードと、1000円ごとに1ポイントのBカードでは、Aカードのほうがポイントをたくさんもらえてお得、というような気がする。しかし5000円の商品券と交換するのに必要なポイントが、Aカードでは1万ポイント、Bカードでは500ポイントだとしたら……？

この場合、Aカードの1ポイントは0・5円の価値しかないが、Bカードの1ポイントは10円の価値があるということだ。ポイントの還元率は、Aカードは0・5％、Bカードは1・0％となる。

年間の利用金額が50万円の場合、還元額は0・5％なら2500円、1％なら5000円、2％なら1万円だ。これは無視できない差ではないだろうか。

ただし、年会費の有無やポイントの有効期限など、会社によってさまざまな条件があるので注意すること。利用金額が少ないと年会費のほうが高くついたり、必要ポイントに届く前に期限切れ、なんてことにもなりかねないからだ。

ポイント還元率

●実際にはどれだけの還元率になる？

ポイント還元率	実際の支出額A	ポイント分B	実際の割引率
5%	10,000	500	4.8%
10%	10,000	1,000	9.1%
15%	10,000	1,500	13.0%
20%	10,000	2,000	16.7%
30%	10,000	3,000	23.1%
40%	10,000	4,000	28.6%
50%	10,000	5,000	33.3%
70%	10,000	7,000	41.2%
100%	10,000	10,000	50.0%

還元率が高くなるにつれて割引率とのギャップが目立ってくる

●クレジットカードのポイント還元率の出し方

具体的な金額がわかる商品券やギフト券のポイント数から計算する

商品券の値段 ÷ 必要ポイント数 ＝ 1ポイント当たりの値段

1ポイント当たりの値段 ÷ 1ポイントに交換できる利用額 × 100 ＝ 還元率

《例》

1,000円利用ごとに1ポイント

交換ポイント＝1,000ポイント

5,000円 ÷ 1,000ポイント ＝ 5円 ← 1ポイント当たりの値段

5円 ÷ 1,000円 × 100 ＝ 0.5% ← 還元率

スポーツ観戦の観客動員数は正確なの？

スタンドに空席があっても「超満員」の謎

「東京ドームでの巨人主催の試合は、発表される観客数がいつも5万5000人。そして必ずスタンドは超満員」昔のスポーツ新聞などで、こんなふうに揶《や》揄《ゆ》されていたのは有名な話。開業当時、消防署に届けられている東京ドームの観客収容人数は朝日新聞によると4万6314人、うち立ち見が約3000人ということなので、毎試合1万人以上の立ち見が出ているという計算になる。

観客動員数の水増しは、巨人に限らずほとんどの球団でやっていたという。もともとプロ野球球団は親会社の宣伝媒体という意味合いが大きく、正確な観客動員数を出してもメリットはない。それより景気のいい数字を発表して、「こんなに人気がある！」とあおったほうが、宣伝効果が上がると言うものだ。試合当日のスタンドをぐるりと見回して、「だいたいこれぐらいかな」と相当アバウトに確認し、さらにそこに何割か上乗せした人数を発表していたらしい。

しかしプロ野球人気が低迷しているにも関わらず、相変わらずの「スタンドは超満員」には批判が続出。ようやく**2005年から、チケットの販売状況などを踏まえた、実態に近い数字を発表するようになった。**そのため、観客動員数の推移をグラフにしてみると、2004年から2005年にかけての落ち込みが激しい。セ・パ両リーグ合わせて、一気に約453万人の減少だ。これが水増し分だとすると、長年のファンはがっかりしたことだろう。とはいうものの、その後は増加に転じているところを見ると、実態を知ったファンたちが危機感を持ち、熱心に球場に足を運び始めたということも考えられる。やはり真実を公表したほうが良い結果になるということだ。

Jリーグでも水増し発覚の波紋

同じプロスポーツでも、Jリーグは開幕当時から、透明性のある観客動員数を発表してきた。「脱企業」を目指すJリーグにとって、スポンサーやサポーターの信頼を得ることが何よりも大切だからだ。入場者数のカウント方法も統一されていて、チケットの販売数などは参考にしないそうだ。入場ゲートに専門スタッフが待機し、実際にスタジアムに来場した観客ひとりひとりをカウンターで数えるという、なんともアナログな方法をとっている。

ところが2010年、積み重ねてきた信頼を裏切るような事件が発覚した。Jリーグ1部（J1）の大宮アルディージャが入場者の水増しを行っていたというのだ。水増しは2007年から始めたというが、ちょうどその頃、Jリーグは観客数アップを目指すキャンペーンをスタートさせたところだった。各クラブにも目標数値が設定され、それを達成しなくては、というあせりがあったのかもしれない。過去4年間で合計11万人以上が水増しされていたという。

プロ野球の水増し人数に比べたら少ないとはいえ、透明性を目指してきたJリーグの理念を揺るがすことになる。しかもJリーグのカウント方法も人海戦術で行っている限り、そこにミスや作為が入り込む余地はある……そんな危険を指摘する声も出てきた。他のクラブの観客数にも疑いの目が注がれてしまうことにならぬよう、あらたな対策が必要かもしれない。

セパ両リーグの観客動員数の推移

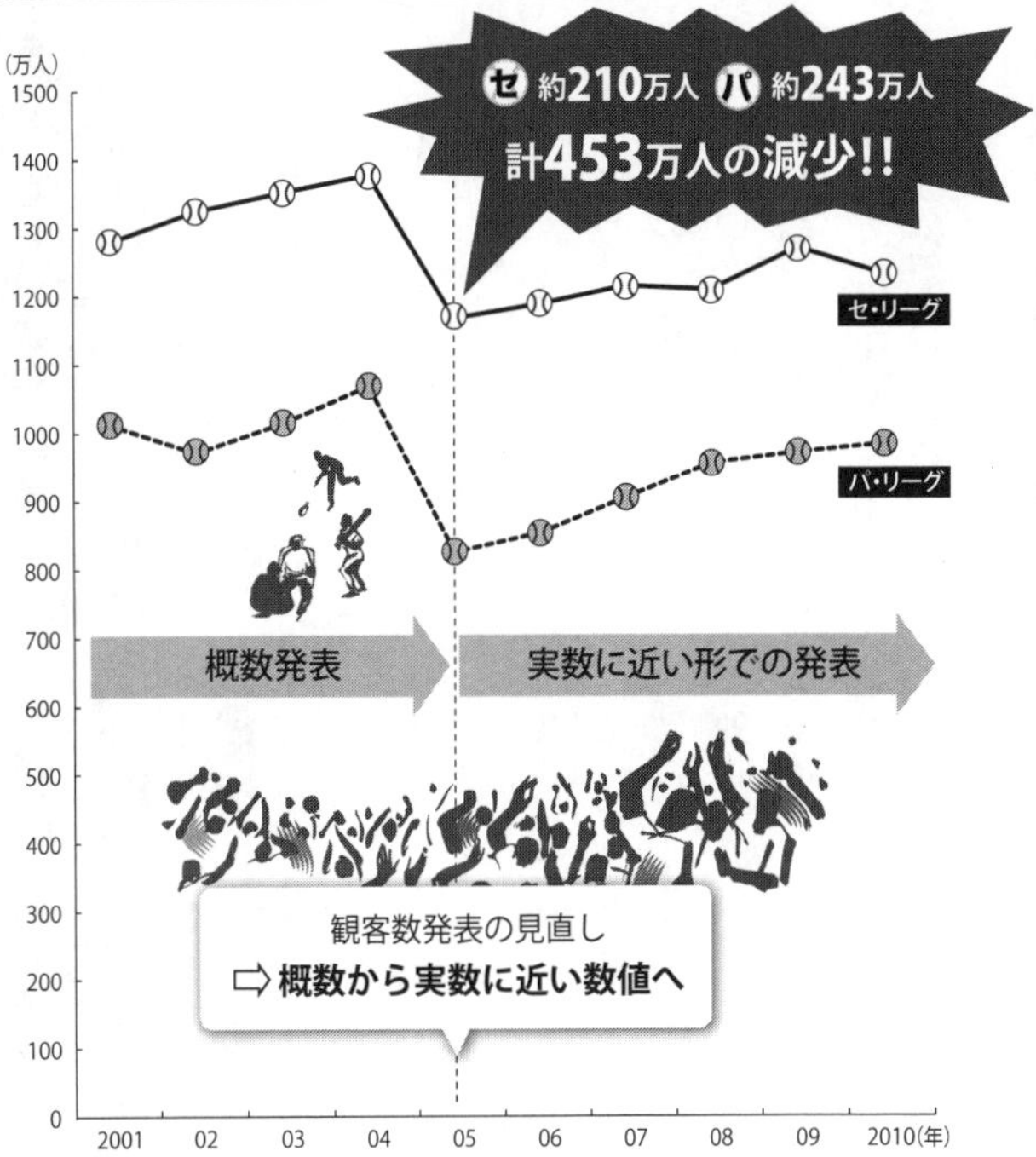

(単位:万人)

	2001	02	03	04	05	06	07	08	09	2010
セ・リーグ	1279.95	1324.35	1352.05	1377.00	1167.26	1187.77	1214.04	1208.32	1269.22	1230.80
パ・リーグ	1012.40	970.90	1014.40	1068.40	825.20	852.93	904.67	955.50	970.75	983.30

新聞や雑誌の発行部数が「公称部数」のみの理由

2倍、3倍は当たり前の「公称部数」

若者の「活字離れ」が問題になっているが、それでも発行部数が数十万部の雑誌はたくさんあるし、大手新聞も1000万部、800万部と勇ましい部数を保っている。これなら活字文化はまだまだ大丈夫……と言いたいところだが、この「発行部数」というシロモノが、けっこうあてにならないのだ。というのも、これは**あくまでも版元が「発行」した部数にすぎず、実際に購読された「実売部数」ではない**からだ。そこに出版業界独特の流通システムもからんで、いっそう数字の信憑性をあやしくしているのである。

実は雑誌には、三通りの「部数」が存在することをご存知だろうか。

ひとつは**「公称部数」**。**一般に公開される部数のことで、版元の出版社の自**

己申告による、いわば〝自称〟の部数だ。一説によると、実売部数を3倍も水増しして公表しているところもあるというから驚く。

ふたつ目は**「印刷証明付発行部数」といって、実際に印刷された部数**を指す。日本雑誌協会が印刷工業会を通して各雑誌の印刷部数データを集め、年間の平均値を公表している。「公称」よりは客観的で信頼できるが、ここでネックになるのは「返品率」。書店などで売れ残った雑誌は版元に返品されるが、その割合は印刷部数の30〜40%とも言われており、印刷した部数と実売部数は大きく離れている可能性がある。

そして**もっとも正確と言われているのが「平均実売部数」**。第三者機関である一般社団法人日本ABC協会が、各版元に立ち入り調査を行って調べた実売部数だ。しかし参加している雑誌は160誌程度で、まだ少ない。

こうしてみると、出版社は実売部数のオープン化には、どうも腰が引けてしまうようだ。その原因のひとつに、雑誌の利益が広告収入に支えられていることがあげられる。部数が少ないと宣伝効果が期待できないとみなされ、広告主が離れてしまう。出版社としては死活問題だ。

新聞は「押し紙」で5割増？

雑誌と同じように、新聞も広告からの収益が大きなウエイトを占めている。そこで、やはり部数の水増しが取りざたされ、数年前に問題になったのが「押し紙」の存在だ。

新聞は駅売りなどの直売もあるが、販売店から契約世帯へ配達されるものがほとんど。ということは、新聞社から各販売店に送られた部数を合計すれば、正確な発行部数がわかるはず。ところが販売店には、契約数以上の新聞が届けられているのだという。新聞は返品ができないので、その余分に送られてきた新聞は、配達されないまま破棄されることになる。これが「新聞社から押し付けられた新聞」、つまり「押し紙」問題だ。

こうして部数を水増ししているというのだが、一部の報道によると、発行部数の50％以上が「押し紙」だった新聞社もあったという。もちろん新聞社側は、「押し紙」の存在そのものを否定している。真実は闇の中だが、もしかすると世間の活字離れは、思った以上に進んでいるのかもしれない。

減少傾向の発行部数・実売金額、増加する返本率

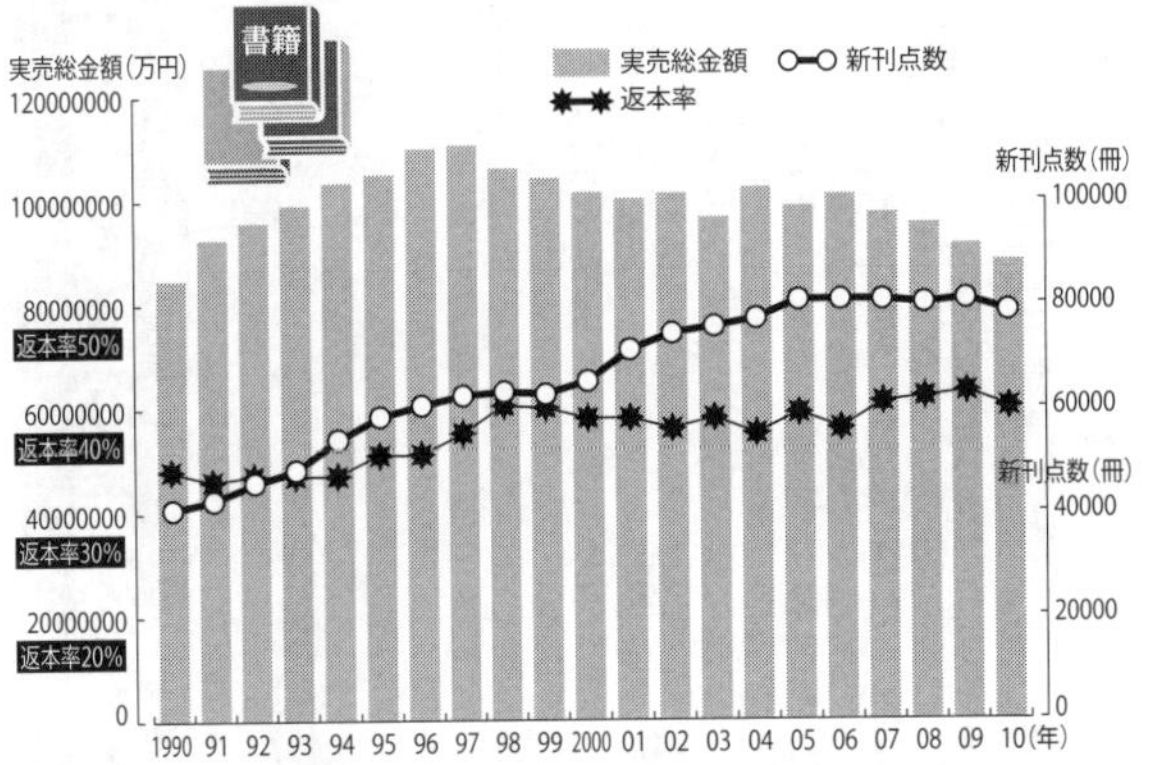

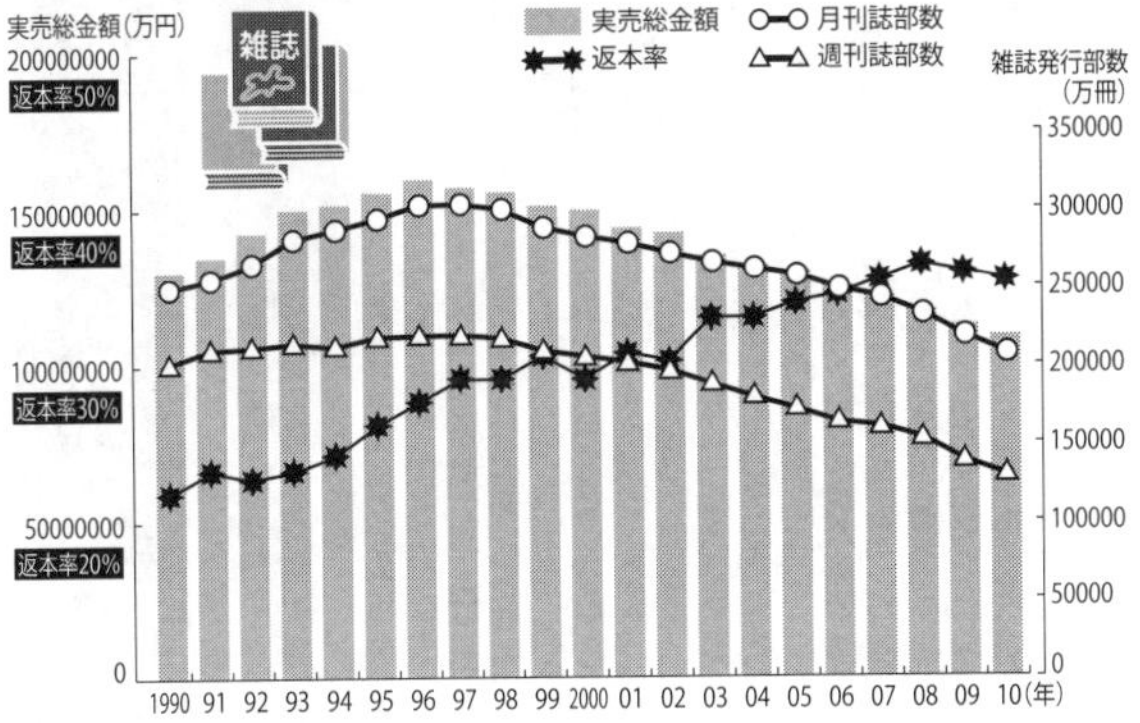

(出典：出版ニュース社「出版年鑑 平成23年版」)

健康診断は「不健康な人」を増やしている？

悪玉コレステロール140以上のほうが長寿という報告も

健康診断を受けるのは大事なことだとわかっていても、何となく気が重いものだ。よくない数値が出たり、思わぬ病気が発覚したらどうしよう……。検診結果にズラリと並ぶ数字が「基準値」内かどうかで、一喜一憂した経験は誰にでもあるはずだ。ところがその「基準値」には科学的根拠がないという信じられないような声が、当の医療関係者からもれ聞こえてくるのである。

そもそも**「基準値」というのは、「健康値」という意味ではない。健常な人たちの検査データを集めて分布図を作成し、その中から95％の人たちを含む数値を「標準範囲」「正常値」と定め、「基準値」にしているにすぎない**。つまり残り5％の人たちのデータは、特に健康に問題がないにもかかわらず、基準値から外されてしまっているのだ。しかも**この「基準値」は通常、40〜60歳のデータから作成される**ので、若い人や高齢者にそのまま適用するのも疑問だ。

「基準値」のほかに「判定値」というものもあり、これは各疾患の研究機関や専門学会が、独自の調査・研究結果から定めた値だ。だから医学的な意味があるとされているが、学会ごとに言ってることが違ったりするので、素人には悩ましい。その代表的な例がコレステロール値だろう。

一般的な健康診断では、悪玉のＬＤＬコレステロールの基準値を１４０㎎／dℓ未満としている。これは日本動脈硬化学会が定めた数値だが、日本脂質栄養学会が、男性は１４０〜１５９㎎／dℓ、女性は１８０㎎／dℓ以上あるほうが長生きするという調査結果を発表し、大論争になった。

また、総コレステロールの基準値は２２０㎎／dℓ未満とされているが、医療機関により数値はさまざま。さらに１６０㎎／dℓ以下だと脳出血や心不全、がんなどが増えるという報告もある。悪者扱いされるコレステロールも、低すぎるとかえって健康を損ねるというのだ。

これでは我々素人は、何を信じていいのかとまどうばかりである。

厳しい基準がメタボ予備軍を作る？

科学的根拠が疑問視されているのは、メタボリックシンドロームの診断基準も同じだ。メタボ検診ではまず腹囲を測り、男性なら85㎝以上、女性なら90㎝以上で「メタボの疑いあり」とされる。アメリカの基準は男性102㎝以上、女性88㎝以上である。日本人と欧米人では体質が異なるので単純に比べることはできないにしても、こと男性にとっては日本の基準は相当厳しい。その上、欧米の学会では、腹部肥満をメタボの判断基準にする必要はないのでは、という見解もある。血圧の基準値も、最高血圧が130㎜Hg、最低血圧が85㎜Hgで、なぜか一般的な検診の基準よりも厳しくなっている。

メタボ検診は生活習慣病の予防が目的なので通常より厳しい基準を設けたということのようだが、おかげで日本人の実に2000万人が、メタボかその予備軍になってしまった。**検診の本来の目的は、予防によって医療費や薬剤費を削減することだったはず。**しかし厳しい基準値のせいで健康な人も「異常あり」と判断され、病院通いをしているとすれば、本末転倒なのではないだろうか。

健康診断の基準値

●基準値の一例

検査項目		単位	基準値		
			機関A	機関B	機関C
血圧（収縮期）		mmHg	100～140	90～139	140未満
（拡張期）			60～90	90未満	
脂質	総コレステロール	mg/dℓ	130～240	140～199	220未満
	HDLコレステロール	mg/dℓ	40以上		
	中性脂肪	mg/dℓ	30～180	150未満	
肝機能	GOT（AST）	IU/ℓ	10～30	35以下	8～40
	GPT（ALT）	IU/ℓ	35以下		5～35
	γ-GTP	IU/ℓ	80以下	55以下	60未満
	ALP	IU/ℓ	110～340	340未満	65～250
代謝機能	空腹時血糖	mg/dℓ	60～110	110未満	
	HbA1c	%	4.3～5.8	5.6未満	5.5未満
	尿酸	mg/dℓ	男3.4～7.8	7.0以下	
			女2.8～5.7		
血液一般	赤血球数	万/μℓ	男410～530	男420～570	男410～530
			女380～480	女380～500	女380～480
	白血球数	/μℓ	4000～8500	3500～9000	4000～9000
	ヘモグロビン	g/dℓ	男13.5～17	男13.5～18	男14～18
			女11.5～15	女11.5～16	女12～16
	ヘマトクリット	%	男37～48	男40～52	男39～52
			女32～42	女33～45	女35～48

機関や検査方法により、基準値が異なることも。海外と比べると、全般的に基準値は厳しく設定されている。日本人間ドック学会の発表によると、「異常なし」「軽度異常なるも現在心配なし」と判定された受診者は、わずか9.6%だそうだ

「日本人の半数はがんになる」のウソ！

6～7割の人は80歳までがんとは無縁

「日本人の2人に1人ががんにかかる」「日本人の3人に1人ががんで亡くなる」これは保険会社の脅し文句（?）ではなく、国立がんセンターや厚生労働省などの統計資料から読み取った信頼できるデータだ。なんとも恐ろしい数字だが、ここにもちゃんとカラクリが存在するのである。

喫煙や肥満など、がんの発生要因はいろいろ言われているが、**一番リスクが高いのは加齢、つまり年をとるということ**だ。年齢別にがんの罹患率《りかんりつ》を見てみると、50歳未満では男性は2・4%、女性は5・0%に過ぎない。男女ともに60代から急カーブを描いて増加するものの、実は**6～7割の日本人が80歳までがんとは無縁の生活を送っている**ことには、あまり注目されない。まだ心配な人のためにもうひとつ紹介しよう。国立がん研究センターの2009年の統計から「現在年齢別がん罹患リスク」を見ると、現在40歳の男性が20年後までにがんと診断される確率は、わずか7%。女性は8%だそうだ。

がんによる死亡率も加齢とともにほぼ同じような曲線を描くが、**「3人に1人」というのは、あくまでも「全死亡原因」の中での割合**。日本の全人口の3分の1ががんで亡くなるという意味ではない。

今後もがんの罹患率・死亡率はますます高くなるだろう。しかしそれは高齢化が進む日本では、ごく自然なこととも言える。がんへの恐怖心はなくならないにしても、数字に惑わされていたずらに神経質になる必要はないのである。

「生存率」＝「治癒率」ではない

それでもいつか、がんになる日がくるなら、やはりより信頼できる医者に診てもらいたい。客観的に病院選びの参考にできるものといえば、各病院がホームページなどで公表している、がん患者の「生存率」ではないだろうか。生存率の高い病院のほうが、安心して治療をまかせられると思うのは当然だ。ところが数字だけを比較して病院の善し悪しを決めるのは、かなり危険なのだ。

がんの生存率といえば、まず思い浮かぶのが「5年生存率」だ。がんは治療後5年間再発しなければ治ったものとみなしていい、という意味で使われることが多い。というのも、例えば手術などの治療では、まだ小さながん細胞をすべて取り除けないことがある。それが検査などで発見される程度に成長するには「5年」ほどかかるのだ。ほとんどのがんは、それ以降、再発することが少ないので、「5年間再発しなければ一応は安心してOK」、つまり「5年生存率」=「治癒する可能性」と考えられている。ただし、腎がんや甲状腺がんなどは成長が遅く、治癒の目安を「10年」に設定しているものもある。

しかし、がんは複雑怪奇な細胞で、一筋縄ではいかない。有効な治療法が確立されているがんもあれば、抗がん剤などの薬の効き目も人によって異なる。治療を開始したときの病状の進行具合や治療後の生活習慣さえ、生存率に影響が出るという。

さらに、5年生存率を「治癒した割合」と受け止めるのも間違っている。そもそも**病院などで発表しているがんの「生存率」は、「診断開始から、一定の**

年齢階級別がんの推定罹患率と死亡率

●推定罹患率（対人口10万人：2006年）

※地域がん登録全国統計による罹患データ

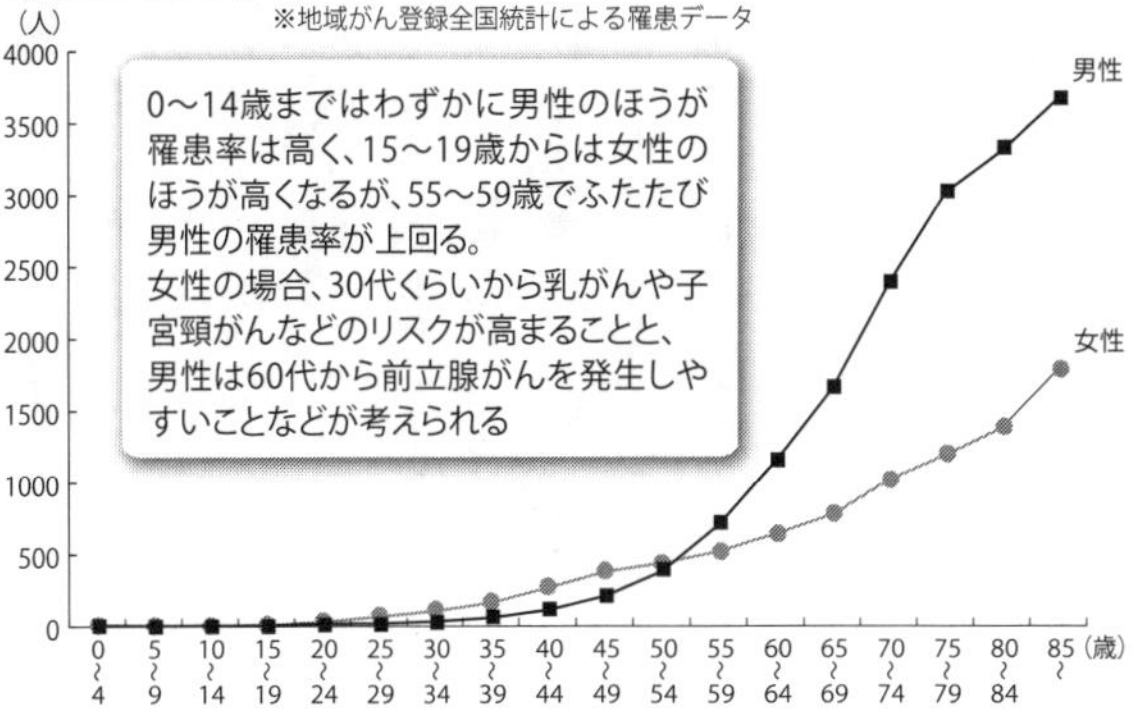

●死亡率（対人口10万人：2009年）

※人口動態統計（厚生労働省）によるがん死亡データ

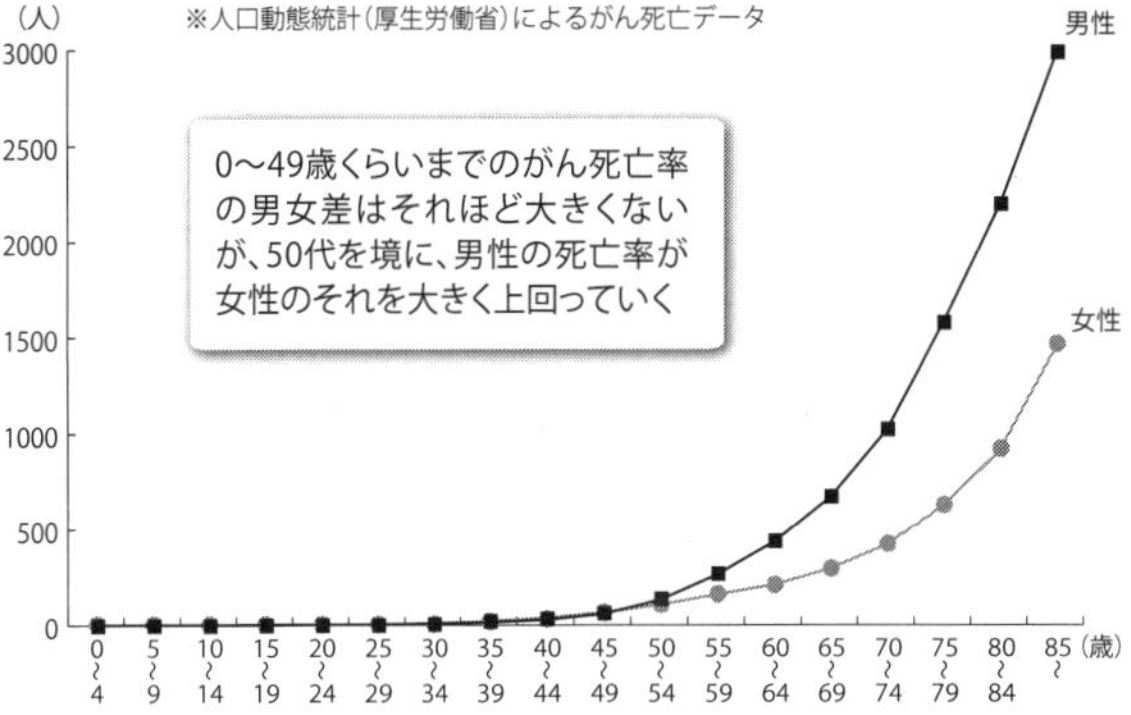

（出典：国立がん研究センターがん対策情報センター）

期間後に生存している割合」のこと。元気に社会復帰している人も、治療中の人も、不幸にも再発してしまった人も、5年後に生きてさえいれば、すべて「生存」にカウントされる。逆に5年以内に亡くなっていたとしても、死亡原因ががんとは限らない。とくに高齢者の場合は、他の病気で亡くなるケースも多い。

このように、生存率を計算するためには、患者個人個人の追跡調査が必要なのだ。しかし転院や転居をしていたり、プライバシーの問題もあって、全員をフォローするのは難しい。地域がん登録全国協議会では、こういった調査が不十分な病院の生存率は、信頼できないと警鐘を鳴らしている。**公表しているデータの中に、追跡できなかった生死不明者の割合がきちんと明記され、それが罹患者数の5%以内であることが信頼度を測るポイントだという。**

さらに、その病院が置かれている状況も生存率を左右する。定期健診などで早期発見した患者ばかりを扱えば、5年生存率が高いのは当たり前。反対に医療機関の少ない地方では、末期がん患者を多く受け入れざるをえないため、生存率は低くなる。

「5年生存率」を参考にする場合は、その背景も考える必要があるのだ。

がんの部位別治療効果の目安となる生存率と5年相対生存率

（1998〜2002年診断症例）

5年相対生存率とは

がんと診断された人で5年後に生存している割合が、日本人全体で5年後に生存している人の割合に比べてどのくらい低いかを表す

部位	治療効果の目安となる生存率			臨床病期別5年相対生存率（%）			
	10年	5年	もっと短い	ステージⅠ	ステージⅡ	ステージⅢ	ステージⅣ
食道		◎		78.5	44.7	22.2	10.3
気管・肺※		◎	○*1	79.3	45.4	19.6	4.3
胃※		◎		98.7	72.7	44.3	7.0
結腸※		◎		98.8	90.6	76.6	16.6
直腸※		◎		98.1	88.4	71.6	16.4
肝臓		◎		53.8	42.0	20.7	9.8
乳房※	◎*2			98.9	93.3	71.3	31.4
子宮頸部※		◎		92.7	72.5	49.3	21.1
子宮体部※		◎		95.8	84.7	63.2	23.0
前立腺※	◎*2			100.0	100.0	100.0	52.6

医学の進歩はめざましく、新しい治療法の開発で生存率が飛躍的に伸びることもある。常に最新の情報をチェックしたい

※印は有効な早期診断法と治療法が普及しているがん
*1　1年以内の生存率が悪いタイプがある
*2　他の悪性腫瘍に比べて発育が遅く、10年後に見つかる可能性がある
（出典：山口県予防保健協会、臨床病期別５年相対生存率はがん研究振興財団「がんの統計」より）

乗車率200%ってどういうこと?

通勤型列車のあいまいな「サービス定員」とは

盆暮れの帰省シーズンには「新幹線の自由席の乗車率150%」などとその混雑ぶりが話題になり、通勤ラッシュ時の満員電車は「乗車率200%超え」も珍しくない。乗用車やエレベーターなど他の乗り物には定員が厳しく定められているのに、電車は詰め込むだけ詰め込んでも特にお咎《とが》めはないようだ。

それではそもそも電車の「乗車率100%」、つまり「定員」とは何なのだろうか。**鉄道車両の「定員」は2種類あって、ひとつは「座席定員」だ。新幹線や特急列車などの指定席車両は着席専用の車両なので、座席の数がそのまま定員数になる。**新幹線の場合、座席定員は1車両につき80~100人ぐらい。乗車率が150%なら、1車両につき40~50人の乗客が、狭い通路やデッキにひしめき合うことになる。

もうひとつは「**サービス定員**」。座席と立ち席がある、おなじみの通勤電車の定員がこれに当たる。はっきりとした人数は定められておらず、「**通常の運行に支障がなく、乗客も快適に乗れる程度の人数**」ということらしい。具体的に言うと、全座席が埋まり、つり革もほぼ使われており、ドア付近の柱にもちらほら……という状態。乗客全員がゆったり乗ることができる人数で、JRの一般的な通勤型電車だと、1車両150〜160人ぐらいだ。JR山の手線の車両で、乗客一人当たりの床面積を計算してみると……、

一般的な車両の床面積は、長さ20m×幅2・95m＝59㎡

これを定員数で割ると、59㎡÷160人＝0・36875㎡

一人当たりの床面積は、約0・37㎡となる。

1畳が1・62㎡なので、1・62㎡÷0・37㎡＝4・378……

つまり1畳に4〜5人が乗っていることになる。「ゆったり」と言っても、けっこうな密度である。これは座席も含めた床面積なので、立ち席部分だけの面積と乗客で計算すると、もっと過密状態になるだろう。

170％まで緩和された首都圏の通勤ラッシュ

長らく東京の通勤ラッシュは殺人的だと言われ続け、人の圧力で電車の窓ガラスが割れるのは日常茶飯事だったとか。昭和50年代には、乗車率300％近い区間もあったという。先ほどのサービス定員を単純に3倍すれば、1畳分のスペースに12～15人だ。あまりにも悲惨な状態に、線路を増設したり運行本数を増やしたり、国も各鉄道会社も混雑対策に取り組んできた。そのかいあって現在では、東京圏のラッシュ時の平均乗車率は170％ほどまで緩和された。

とはいえ、これはあくまでピーク時の1時間（7時50分～8時50分）の平均値で、もっとも混雑している電車の乗車率ではない。「いつも利用している電車はもっと酷いぞ！」と納得いかない人は、何本かずらしてみると、新聞ぐらいは読める電車に乗れるかもしれない。

ちなみに、自動車や飛行機などは「保安定員」といって、「それ以上乗っては危険」という人数を定めている。定員の2倍以上の乗客を乗せてもビクともせず、安全に運行し続ける列車は、考えてみるとつくづく優秀な乗り物である。

電車の定員

●混雑度の目安

100%

座席が全部埋まり、おおむねつり革も使用され、ドア付近の柱にも人がつかまっている状態。乗客全員がゆったり乗っていられる

150%

他の乗客とは肩が触れ合う程度で、新聞も楽に読める

180%

他の乗客とは体が触れ合うものの、新聞は読める

200%

他の乗客と密着してかなり圧迫感があるが、週刊誌なら何とか読める

250%

身動きができず、手も動かせない。電車が揺れてもふんばることができないので、体が斜めになる

マグニチュード6と震度6、大きい地震はどっち？

Mが1増えると、地震エネルギーは32倍！

日本のみならず、世界中を震撼させた東日本大震災。気象庁は当初、マグニチュード8・8と発表していたが、のちに9・0に訂正した。わずか0・2と思うなかれ、実はとてつもなく大きな違いなのだ。

地震が発生すると、気象庁からは2種類の数字が示される。「マグニチュード」と「震度」である。「マグニチュードは5・0、震度は4」というように、似たような数字が並ぶので混乱するが、このふたつはまったくの別ものだ。

マグニチュード（M）とは地震の規模、つまり震源から放出される地震波のエネルギーの大きさを表す特別な数値。地震計で観測した地震波の周期や震源の深さなどから求めるが、アプローチ方法もさまざまで、同じ地震でもその方法によって微妙に異なる数値が出るようだ。日本では通常、「気象庁マグニチュード」という独自の手法を採用しているが、巨大地震の場合は世界で使われている「モーメントマグニチュード」で計算する。阪神・淡路大震災は、気象庁マグニチュードでは7・3、モーメントマグニチュードでは6・9となる。

マグニチュードは、地震の巨大なエネルギーを少ない桁数で表現できるのが利点だが、その分、数値が持つ意味はスケールがでかい。**マグニチュードが「1」増えただけで、地震エネルギーは32倍にもなるという。**「2」増えれば32×32で、なんと1024倍！　M8の地震は、M7の32回分、M6クラスなら1024回分のエネルギーを放出したことになるというから、すさまじい。**ちなみにM8のエネルギーは、「7億トンのおもりを10㎞持ち上げる」または「出力175万kWの発電所（事故を起こした福島第一原子力発電所1～3号機の電気出力の合計が202・8万kW）が1年間に発電する電力」に相当するそうだ。**

M9・0に修正された東日本大震災の場合、わずか0・2増えただけだが、それは当初考えられていた規模より、実は2倍も大きな地震だったということを意味している。さらに、関東大震災の約45倍、阪神・淡路大震災の約145

0倍の規模であることも付け加えておこう。

震度に「強」「弱」をつけるのは日本だけ

一方、「震度」は、各地点の揺れの度合いを表したものだ。0、1、2、3、4、5弱、5強、6弱、6強、7の10段階に分けられており、全国各地の震度観測点で、震度計などを使って決めている。

数字に「弱」や「強」がついているのは、かつて震度が0から7までの8段階しかなかったころの名残だ。阪神・淡路大震災の経験から、被害の状況をより正確に把握するためには、もっと細かく段階分けしたほうがいいということになり、「弱」と「強」を付け足したのである。「5弱」は「5に満たない」という意味ではない。「単純に1から10にすればいいのに」「海外では12段階が一般的なんだから、それにならえばいいのに」という声もあるが、今のところ気象庁は変更する気はないようだ。激しい揺れはさまざまな被害を及ぼすので、我々には震度のほうが重要だ。震度5以上から屋内外で亀裂や破損などの被害が出始めるという。「弱」という言葉がついていても、安心をしないように。

震度と揺れ（気象庁震度階級による）

震度 0

揺れを感じない

震度 1

一部の人がわずかに揺れを感じる程度

震度 2

屋内にいる人の多くが揺れを感じる。電灯などがわずかに揺れる

震度 3

屋内にいる人のほとんどが揺れを感じる。電線が少し揺れる

震度 4

眠っていても目が覚める。かなり恐怖心を感じる。棚にある食器が音を立てる。歩行者も揺れを感じる

震度 5弱

多くの人が身を守ろうとする。座りの悪い置物が倒れ、窓ガラスが割れることも

震度 5強

非常な恐怖を感じる。本棚から本が落ち、無固定の家具が倒れることも。耐震性の低い建物に被害が出始める

震度 6弱

立っていることが困難になる。ドアが変形して開かなくなる。耐震性の低い住宅が倒壊し始める

震度 6強

立っていられなくなる。無固定の家具の多くが移動・転倒し、耐震性の高い建物も被害が出始める

震度 7

揺れのせいで自分の意思では動けなくなる。家具が飛ぶことがある。耐震性の高い建物でも大きく破壊することがある

年間被曝線量20ミリシーベルトで本当に大丈夫なの？

絶対安全と断言できない「確率的影響」

東京電力福島第一原子力発電所の事故によって、我々は突然、放射能汚染問題と向き合わなくてはならなくなった。「放射能」というと「とにかく怖い」というイメージが先行して、よくわからないままに風評被害だけが広がっている。そもそも「放射能」という言葉さえ、ちゃんと認識されていないようだ。

ごく大まかに説明すると、物質の基本粒子である原子の中には、性質が不安定なものがある。そういう原子たちは、自らエネルギーを放出しながら、他の安定した原子に変身（？）しようとする。この時、放出されるエネルギーは、アルファ線やガンマ線といった電磁波が中心で、原子によって種類はいろいろ異なるが、全部ひっくるめて「放射線」と呼んでいるのだ。**そして放射線を出**

す物質を「放射性物質」といい、「放射能」とは、物質が放射線を出す「能力」のことなのである。ということは、我々が直面している問題は、「放射能汚染」というより、「放射線や放射性物質から受けるリスク」といったほうが、わかりやすいかもしれない。

しかし前述のように、放射線の種類はいろいろあるので、人体に与える影響もそれぞれ異なる。そこで強さや量などから単位を統一し、放射線の影響力を調べるときは、それを用いるのが一般的だ。よく使われるのは「ベクレル」と「シーベルト」の2種類。**「ベクレル」は「放射能」の強さを表す単位だ。数値が高ければ、放射線を出す能力が強い**ということになる。例えば水や食料にどれくらいの放射性物質が含まれているかを判断するときに使われる。**「シーベルト」は、ベクレルとは逆に、放射線を受け取る側の単位**である。**シーベルトが高い数値を示せば、それだけ大量の放射線をあびたことになる**わけだ。

平常時と緊急時では変更される基準値

では、放射線は人体にどんな影響を与えるのだろうか。放射線を浴びたり、体内に取り込むことを「被曝」と言うが、被曝することによって生じるのは「確定的影響」と「確率的影響」だ。

「確定的影響」というのは、一度に大量の放射線に被曝すると、必ず現れる健康被害のこと。例えば、一度に5000ミリシーベルトの被曝で白内障になり、7000ミリシーベルト以上なら、すべての人が死に至る。原発の臨界事故で作業員が亡くなったケースなどが、この確定的影響に当たると考えられている。

それよりもはるかに少量の被曝でも、将来的には何らかの健康被害をもたらすかもしれない、というのが「確率的影響」だ。諸説あるが、100ミリシーベルト以上になると、がんの発生率などが上がり始めるといわれている。今回の原発事故でやっかいなのが、この「確率的影響」だ。

放射線は自然界にも存在していて、我々は大気や呼吸、食品などを通して年間平均1・5ミリシーベルト程度の被曝をしている。また、レントゲンなどの医療行為からも被曝することがある。もちろん、健康には何の害もない。

国際放射線防護委員会（ICRP）では、そういったものを除いて、一般人の放射線量の限度を年間1ミリシーベルトと定めている。そして原発事故などで放射性物質の影響が残ってしまう場合は、20ミリシーベルトまではまあ許容範囲だろう、としている。

政府が今回の原発事故で、年間の累積放射線量が合計20ミリシーベルトを超える恐れのある区域を計画的避難区域に定めたのは、こういった理由からだ。がんの発生率などが上がると懸念されている数値の5分の1だし、ＩＣＲＰも認めているとはいえ、平常時の基準の20倍である。となると我々素人は、どうしても不安を感じざるをえない。

また、年間10ミリシーベルトを10年間浴び続けた場合はどうなるか、という疑問もわく。低レベルの放射能を長期間かけて浴びても、健康への被害は少ないとされるが、専門家たちもまだわからないことが多いらしい。

内部被曝の影響がわかるのは数年先

それでは、放射性物質に汚染された食物を食べた場合はどうなのだろうか。口や鼻から体内に放射性物質を取り込むことを「内部被曝」と言うが、**体内が直接、放射線にさらされるので、もちろん健康にはかなりの影響を与える。**今回の原発事故では大量の放射性物質が大気中に放出され、各地に拡散したが、その行方は風や天候に左右される。実際に避難区域から遠く離れた土地で収穫された野菜などから放射性物質が検出された例もある。政府は暫定基準値を設け、それ以上の数値が検出されたものは出荷停止にしているが、この「暫定基準値」をめぐって議論が紛糾しているのである。

これまで政府は、**放射性物質による汚染について、基準を設けていなかった。**原発事故など想定外だったからだろう。今回の緊急事態を受けて、急遽、ICRPの勧告などを基に作成したのだ。摂取制限が設けられている放射性物質は、放射性ヨウ素、放射性セシウム、ウラン、プルトニウムの4つ。それぞれ放射線の強さが異なるので、個別に数値が決められていて、1年間食べ続けても、健康被害が出ないように設定してあるそうだ。

それなら大丈夫のような気がするのだが、保健機関（WHO）の水質ガイドラインによると、飲料水の放射性ヨウ素の勧告値は1ℓ当たり10ベクレル。しかし原子力安全委員会の指標では300ベクレルだ。実に30倍ということで、「日本は甘すぎる！」という怒りの声が続出した。ところが国際原子力機関（I

放射線量と人体への影響

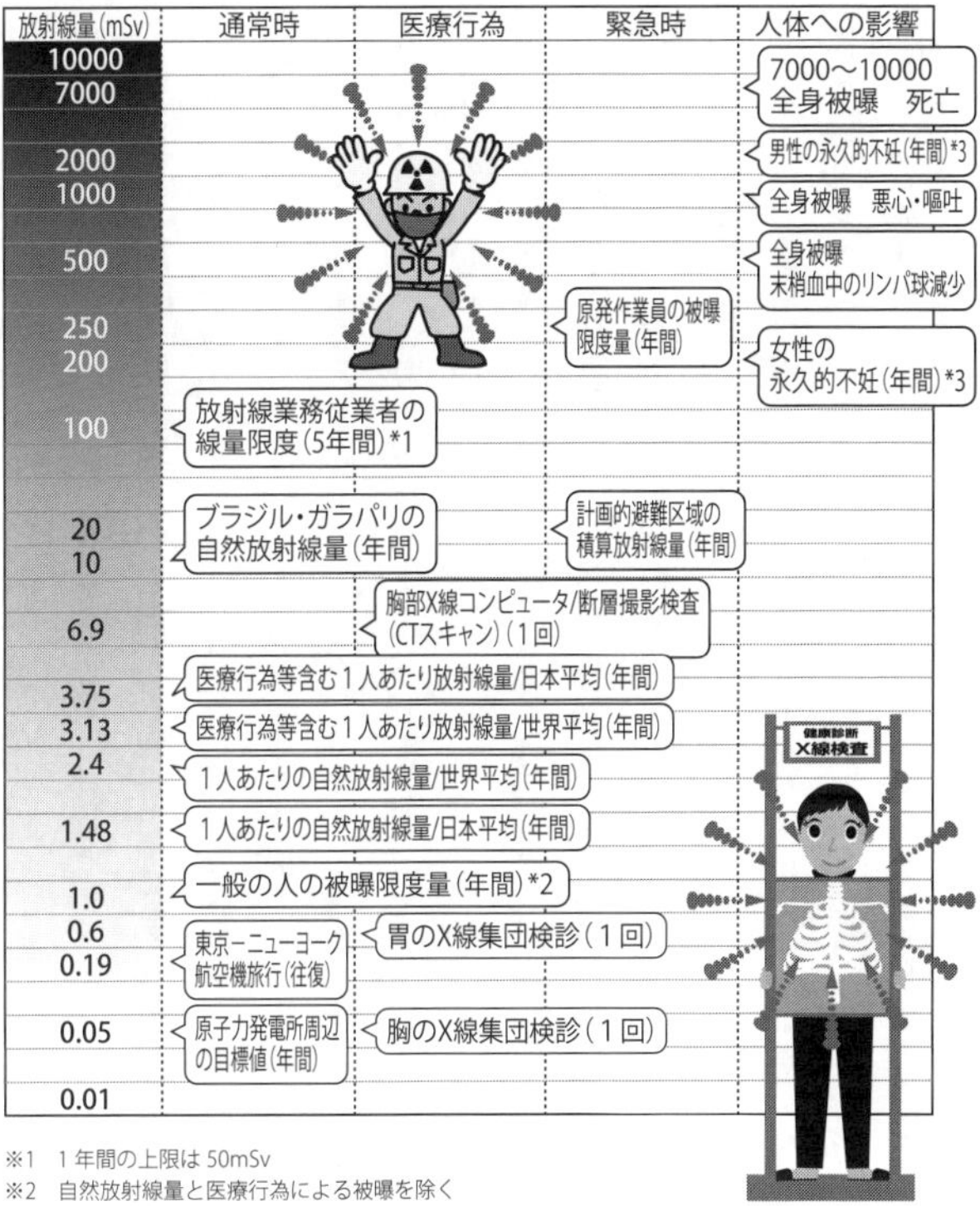

※1　1年間の上限は 50mSv
※2　自然放射線量と医療行為による被曝を除く
※3　多年にわたり被曝した場合の年間線量。
1回の場合は男性 3500 〜 6000mSv、女性 2500 〜 6000mSv とされている
（出典：放射線医学総合研究所、食品安全委員会、電気事業連合会ほか）

ＡＥＡ）が３０００ベクレルという日本の10倍の数値を出していることを挙げて、「日本はすごく厳しい」という反論もある。これはどういうことなのか。

実はそれぞれ、適用する時が違うのである。**ＷＨＯはごく日常の数値、日本は原発事故後の緊急時の数値、ＩＡＥＡはもっと深刻な状況で、国際的な介入レベルの数値なのだ。**さまざまな機関がさまざまな立場から基準を設けているので、数字だけを比較するとその本当の意味を見失うという例である。

とはいえ、それでもやはり不安はぬぐえない。放射線はＤＮＡを破壊し、がんを発生させるといわれている。

各水道局では水質検査を行っているが、放射性物質が「不検出」という結果だとしても、それは測定装置の検出限界値未満という意味で、まったくのゼロとはかぎらないことを、水道局側も認めている。

他の食品でも同じことが言えるだろう。たとえごく微量でも、いったん体内に入ってしまえば、放射性セシウム１３７の場合は半減期（放射線の量が半分になるまでの期間）は30年。特に成長過程にある子どもたちに与える影響は予測がつかない。原発事故がもたらしたものは、あまりにも大きいのである。

食品の規制値（単位：Bq/kg）

核種	日本の暫定規制値		コーデックス委員会*5		EU	
	対象	基準	対象	基準	対象	基準
ヨウ素131	乳児用牛乳・乳製品	100	乳幼児用食品	100	乳幼児用食品	100
	飲料水・牛乳・乳製品	300	その他（乳幼児用食品以外）	100	牛乳その他日常食品	300
	野菜（根菜・イモ類以外）魚介類	2000			その他食品（液状以外）	2000
					液状の食品	300
セシウム134 137	飲料水・牛乳・乳製品	200	乳幼児用食品	1000	乳幼児用食品	200
			その他（乳幼児用食品以外）	1000	牛乳その他日常食品	200
	野菜類・穀類・肉・卵・魚・その他	500			その他食品（液状以外）	500
					液状の食品	200
ウラン	乳幼児用食品	20	乳幼児用食品	100	—	—
	飲料水・牛乳・乳製品	20	その他（乳幼児用食品以外）	100		
	野菜類・穀類・肉・卵・魚・その他	100				
プルトニウム アメリシウム等	乳幼児用食品	1	乳幼児用食品	1	乳幼児用食品	1
	飲料水・牛乳・乳製品	1	その他（乳幼児用食品以外）	10	牛乳その他日常食品	1
	野菜類・穀類・肉・卵・魚・その他	10			その他食品（液状以外）	10
					液状の食品	1
ストロンチウム90	—	*4	乳幼児用食品	100	乳幼児用食品	75
			その他（乳幼児用食品以外）	100	牛乳その他日常食品	125
					その他食品（液状以外）	750
					液状の食品	125

*4　セシウム 134・137 の暫定規制値に、セシウムの 1 割相当分のストロンチウム（89・90）が含められている
*5　国際連合食糧農業機関（FAO）と世界保健機関（WHO）が設立。食品の国際基準をつくる組織
（出典：食品安全委員会「放射性物質を含む食品による健康影響に関する Q&A」）

津波の高さ予報はどこまで信じられるのか？

大きな誤差は「平均値」だから

昔から何度も津波の脅威にさらされてきた日本だが、東日本大震災では、その想像を絶する破壊力に改めて息を呑んだ人も多いはずだ。津波は、地震などで海底に地殻変動が起こったとき、それに合わせて海全体が大きく上下することから発生する。台風などでも激しい波が被害をもたらすことはあるが、これはあくまでも表面的にできた波だ。津波の恐ろしさは、海底から海全体が持ち上がり、そのまま巨大な水の壁となって陸地に襲い掛かってくるところにある。

津波警報や注意報、あるいは事後の調査報告では「〇mの津波」というように、津波の高さも発表される。この「津波の高さ」とは、どこからどこまでの高さかというと、まず**基準になるのは、当日の潮位。ここから海面が上昇した**

値が「津波の高さ」だ。それでは、流動的で姿を変え続ける津波の、どこを計測するかというと、実は3種類のポイントがあるのである。

ひとつは**「波高」**。気象庁が湾岸線に設置している検潮所や、沖合いの波高計で海面の上昇値を測定したものだ。**気象庁発表の「予想される津波の高さ」は、津波予報区内で予測される波高の平均値なので、場所によってはもっと高くなることもある。**予想精度は2分の1～2倍程度だという。

二つ目は**「痕跡高」**。**陸上での津波の高さだ。建物についた水やゴミの痕跡など、津波が残した爪あとを調査して計測される。**これも潮位を基準にして測るが、地盤、つまり地面を基準にして計測する場合もある。これを「浸水深」といい、地面を覆った「水の深さ」というイメージだろうか。

そして三つ目が**「遡上高《そじょうこう》」**だ。**津波が陸地を駆け上がったときの最大の高さ（標高）のこと**で、やはり建物や山の斜面などについた津波の痕跡で測る。

東日本大震災では当初、津波の高さは「3m」や「6m」という予想が出されたものの、後の調査で多くの地域の痕跡高が「10m以上」だったことが判明した。さらに調査を進めると、遡上高は、岩手県宮古市で「40・5m」にも達していたという。それまでの最高値である「明治三陸津波」（１８９６年）の「38・２m」という記録を塗り替えて、観測史上最大の津波だったわけだ。

地震発生からわずか3秒で津波警報発令！

津波の高さはたびたび報道されるが、意外に知られていないのがそのスピードだ。**津波の移動速度は、海が深ければ深いほど速い**。水深６０００mの太平洋の真ん中なら、時速８００㎞のジェット旅客機並み！　猛烈な勢いで陸地に向かってくるのだ。しかし沿岸に近づいて、海底が浅くなるにつれてスピードは遅くなる。すると後から猛スピードで続いてきた波は、減速した前の波にどんどん乗り上げていく。こうして海原の遥か彼方に見えるだけだった白波が、あっという間に巨大な水の塊となって目の前に現れるのである。

そんな津波から一刻も早く避難するために重要なのが、津波予報だ。気象庁ではあらかじめ、各地域で津波が発生した際の様々な数値をシミュレーションしていて、その結果から津波予報のデータベースを作っている。地震が発生すると即座に規模や位置を推定し、データベースと照合して津波の到達時間や高

津波の高さの定義

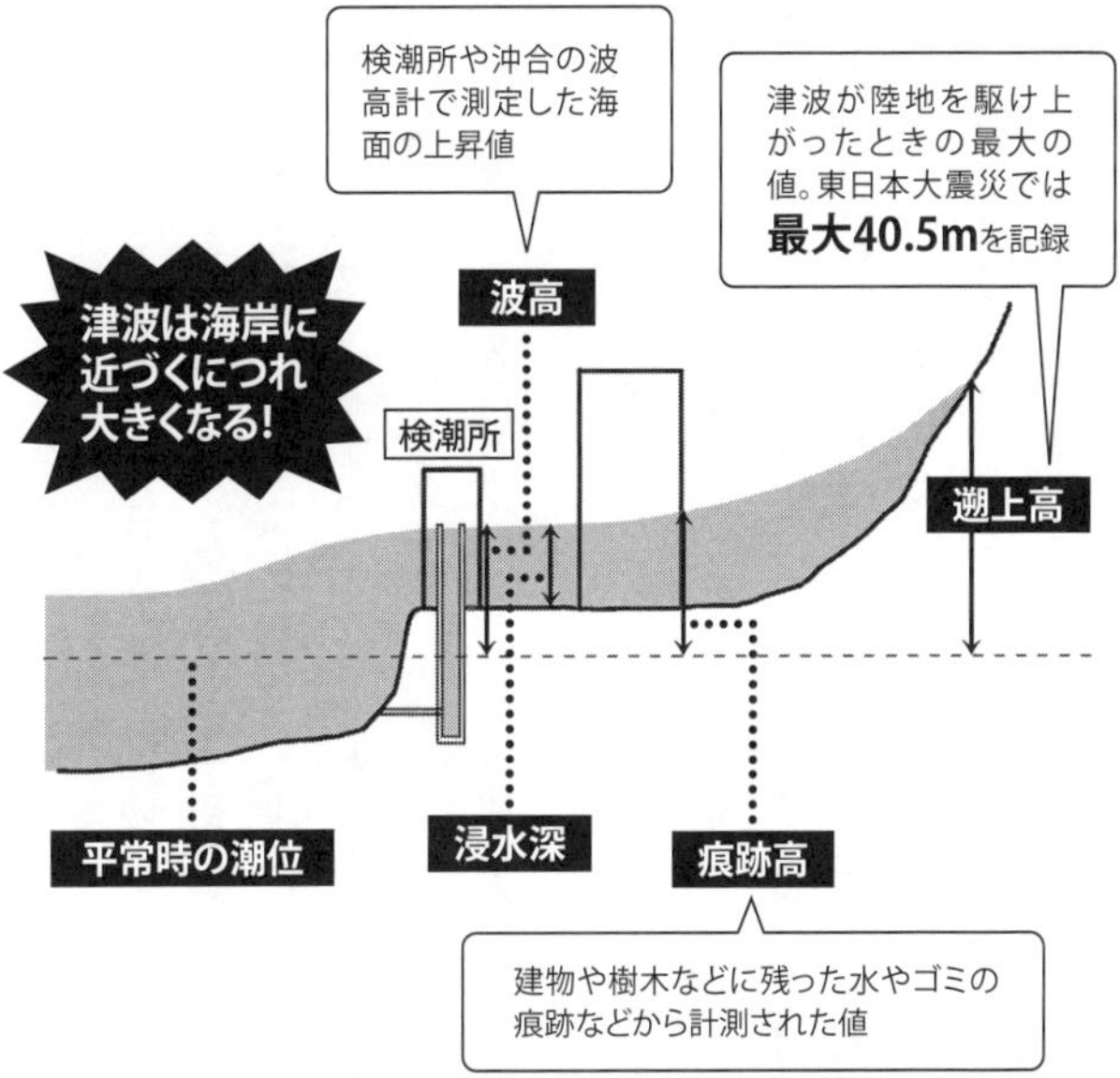
検潮所や沖合の波高計で測定した海面の上昇値
津波が陸地を駆け上がったときの最大の値。東日本大震災では**最大40.5m**を記録
津波は海岸に近づくにつれ大きくなる!
波高
検潮所
遡上高
平常時の潮位
浸水深
痕跡高
建物や樹木などに残った水やゴミの痕跡などから計測された値

気象庁発表の「予想される津波の高さ」はどの地点の高さ?

海岸線での値。津波予想区内で予想される平均値なので、場所によっては予想値よりもかなり高くなることも

（気象庁のサイトより）

さなどを予測するのだ。地震発生から津波警報・注意報の発表までわずか3分。津波の被害に苦しみ続けてきた日本ならではの迅速な予報システムだ。

ところが**東日本大震災では、この迅速な予報が裏目に出た地域もあった**。というのも、気象庁は地震発生後ただちに「大津波警報」を発令したのだが、その時の予想値よりも、はるかに大きな津波が襲来したからだ。すぐに修正したものの停電などで通信網が寸断され、正確な情報が行き渡らなかった。岩手県釜石市では、最初の「3mの津波」という予報を聞いて「自宅の2階に避難すれば大丈夫」「防災センターに避難すればいい」と思った人が多かったという。しかし実際には9mの津波が町を飲み込み、多数の犠牲者を出したのである。

また、数十cmの津波でも警報が出されるため、「今回もどうせ大したことはないだろう」と警報慣れしてしまうケースもある。**東日本大震災では近畿と徳島にも「大津波警報」が発令された。避難指示が出された地域もあったが、それに従った住民はわずか2%**だったそうだ。幸いにも津波の被害はなかったが、これでは何のための警報かわからない。気象庁は津波予想の精度を上げる努力を続けているが、やはり住民ひとりひとりの意識改革も必要だ。

津波の高さと被害の程度

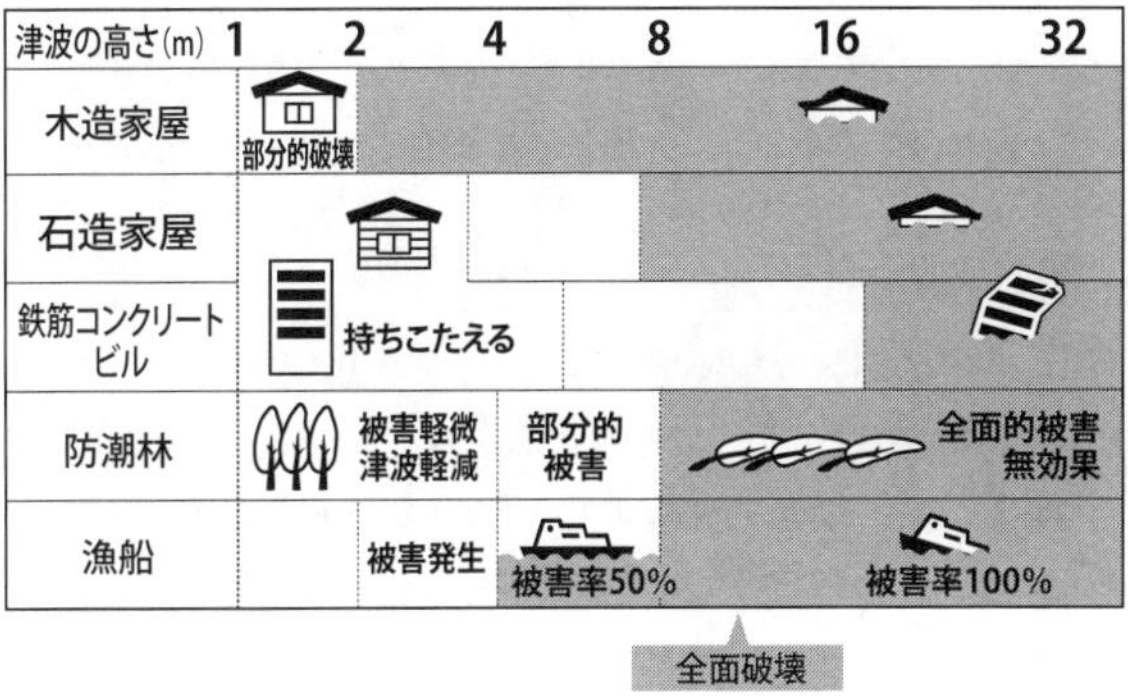

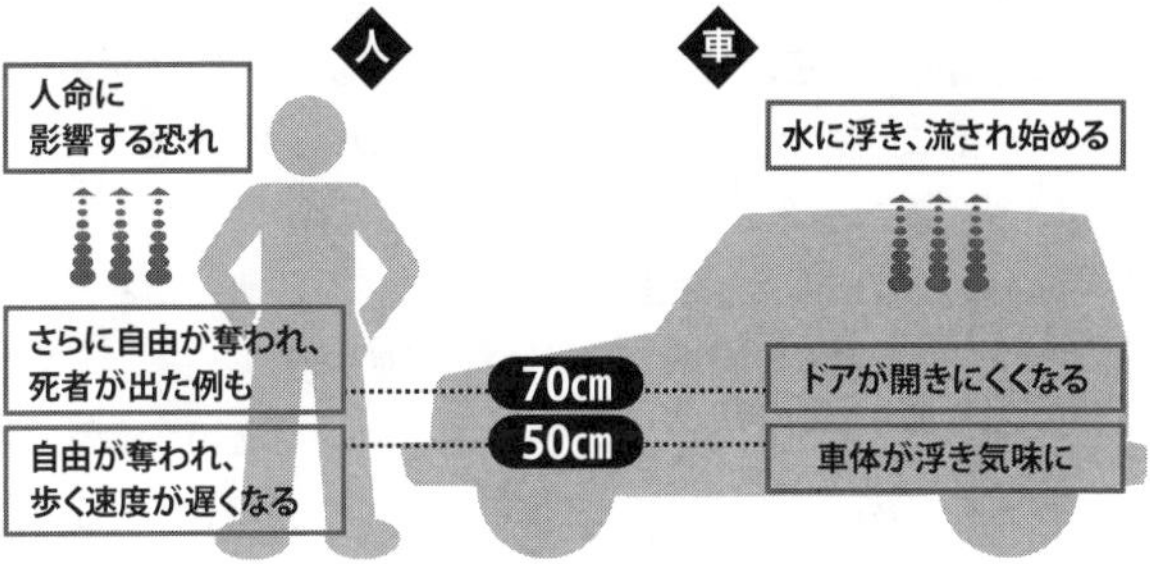

※津波の高さは、陸上の建築物および防潮林、人、車両については浸水深、漁船については海岸線における津波の高さ

※上の図は気象庁サイト「津波波高と被害程度」より

※下の図は神奈川県県土整備部「神奈川県津波浸水予測図解説書」、須賀尭三監修・利根川研究会編「利根川の洪水」より

小さな天体でも破壊力はメガトン級

約6500万年前、地球を支配していた恐竜を絶滅させたと言われているのが、小惑星の衝突だ。直径10㎞の小惑星は、地上に直径200mもの巨大なクレーターを残し、地球全体の環境を激変させたという。

小惑星とは、太陽の周りを回っている小天体のこと。地球の軌道のすぐ近くにも無数の小惑星が存在し、互いの軌道が重なれば、衝突は避けられない。そんな「地球近傍小惑星」で、直径140mを超えるものが約10万個、1㎞を超えるものが約1000個もあると推定されている。

それほど大きくなくても、例えば1908年にシベリア上空で爆発した隕石は、直径約40m程度だったのに、ロンドン市街に匹敵するほどの土地を燃やしつくした。また、一時、衝突するかもしれないと騒がれた小惑星アポフィスは、直径約270m。もし本当に衝突したら、アメリカの小さな州を完全に吹き飛ばすほどの破壊力があるそうだ。

衝突の危険性については「トリノ・スケール」という指標がある。0から10までの11段階で、最高レベルの10は「ほぼ確実に衝突し、全地球的な壊滅が起こる」とされ「10万年に1度か、それ以下の割合で起こる」事象だそうだ。はたして安心していいのかどうか、複雑だ。

6章
通説の数字のウラ側

日本の新幹線はどうして遅いのか?

なかなか時速300キロを出せない理由は

高速鉄道の歴史は、1964年の日本の新幹線開業とともに始まったと言っても過言ではない。現在、環境負荷が少なく、大量輸送が可能ということが今さらながらに見直され、世界中で高速鉄道プロジェクトが進められている。

長年培ってきた日本の優秀な技術で世界をリードしたいところだが、このところのスピード競争では世界に後れを取っているように見える。営業運転速度は、フランスでは時速320km、ドイツなどの技術を導入した中国は世界最高の時速350kmなのに、日本は長らく時速280km前後のままだった。

中国の場合は先日、不幸な事故が起こったばかりで、いろいろ問題を抱えているにしても、試験走行でも日本の記録を抜く時速487kmを出したのは事実だ。このままでは「技術大国ニッポン」の名がすたる。

専門家たちがまず口をそろえて挙げるのは、日本の複雑な地形である。カーブが多く、住宅密集地を縫って走ることもしばしばだ。安全と騒音防止のために減速と加速を繰り返さなくてはならない。駅と駅の間が短いという問題もある。まっすぐ延びたレールをただひたすらぶっ飛ばすような地形なら、いくらでも速度をあげることは可能だろう。**乗り心地を維持しつつスムーズにカーブを曲がり、何本もの新幹線が数分間隔でプラットフォームに滑り込んでいく。そんな芸当ができるぎりぎりの速度が、現在の運転速度ということなのだ。**

それでも技術開発に取り組み続けた結果、2012年末には東北新幹線で時速320㎞の営業運転が実現しそうだ。また、2027年の開業を目指しているリニア中央新幹線計画が順調に進めば、時速550㎞を体感できるようになるかもしれない。そのとき再び、日本の技術力が世界を驚嘆させるだろう。

しかし先にあげた中国のように、スピードを追求するあまり、安全面がおろそかになってしまっては元も子もない。新幹線開業以来、乗客の死亡事故は1件もないという安全性こそ、もっとも世界に誇れる日本の技術なのだから。

日本の英語力はアジア最低ランク?

韓国・中国に負けた「TOEFL」の平均スコア

日本人の英語力が弱いことは、誰もが認めるところだ。中学・高校と6年間も英語を学んできたにもかかわらず、簡単な日常会話さえ覚束ない。そう自覚はしているものの、さらに日本人の自信を喪失させたのが、世界共通の英語検定試験「TOEFL」の結果だ。**2003年度の日本の平均スコアは、150カ国中140位。そして2004年~2005年のデータでは、アジア29カ国中、なんと28位!** 「日本語は英語からもっとも離れた特殊な言語。だから仕方ない」という言い訳も、同じように独特の言語を持つ中国や韓国に負けたとあっては、もはや意味をなさない。

とはいえ**「TOEFLのスコアだけで英語力を比較するのはおかしい」とい**

う声もある。それは日本の受験者の数が、他の国に比べて桁違いに多いからだ。

前述のデータによると、日本は８万２０００人以上受験したのに対して、アジアで1位のシンガポールは２２７人、7位のスリランカは３８０人、22位のラオスにいたっては41人である。1万人を超える国は日本を含めて5カ国しかない。人数が増えれば平均値が下がるのは必然だ。さらに、日本は学校単位で受験するケースが多いが、一部の国の経済的、教育的事情を考えると、欧米への留学時に有利なＴＯＥＦＬを受けようという層は、限られているのではないか、つまり相当なエリートたちが受験しているのではないか、という指摘もある。

しかも上位に入っている国は、かつてアメリカやイギリスに植民地支配を受けるなど、歴史的に英語と縁が深い国が多いのだ。日本人のように、英語に対するアレルギーはもともと少ないはずだ。

というように負け惜しみ的（？）な意見が多いが、**韓国は10万人以上受験しているのに14位だ。中国は1万８０００人と少な目だが、やはり韓国と同スコアで14位。**これをどう受け止めればいいのやら。こうしてみると、小学校から英語授業を取り入れたいと、あせる文部科学省の気持ちもわからなくもない。

未婚者の処女率・童貞率は昔より低くなっている！

やはり下がった女性の初体験年齢

「援助交際」や「出会い系サイト」などといった言葉がマスコミを賑わせ、若者の性が乱れに乱れているようなイメージを持っている人は多いだろう。かと思えば「草食系男子」が増えて情けないとなげく声もあり、いったい本当のところはどうなっているのだろうか。

（財）日本性教育協会の２００５年度の調査によれば、男子高校生のセックス体験率は26・6％。女子高校生は30％だそうだ。女子のほうが進んでいることに、「やっぱり」と納得しつつもショックを受けたかもしれないが、１９９９年まではおおむね男子のほうが多かった。携帯電話の普及などで女子高校生の交友関係や行動範囲が広がり、誘惑に接する機会が増えたことが影響しているのかもしれない。それでも高校卒業時点での処女率は70％。30年前は、男子高校生の89％が、女子高校生の95％が未経験だったことを考えると、これが多いか少ないかは意見の分かれるところだろう。

しかしもっとショッキングなのは、中学生ですでに体験済みの女生徒が4・2％もいることだ。男子中学生の体験率が3・6％なので、相手は年上の男性というケースも多いと思われる。断っておくが、13歳未満の児童と性行為を行った場合、たとえ愛し合っていたとしても「強姦罪」が成立する。18歳未満の青少年が相手でも、自治体が定める青少年保護育成条例違反となり、厳しく罰せられることをくれぐれもお忘れなく。

大学生になると、男女共に体験率はぐんとアップして、童貞・処女率は4割弱にまで減少してしまう。大学で何を学んでいるのやら、せっせと高い学費を払っている親は、たまったもんではない。

30歳を過ぎても4人にひとりは未経験！

さて、同じく2005年に厚生労働省が行った「出生動向基本調査」の中にも、未婚者の性体験についてのデータがある。こちらは対象年齢が広いので、同年代の処女・童貞率を確認することができそうだ。

　データによると、ハタチ過ぎごろまでに初体験を済ませるケースが多く、その後はあまり変化がない。30歳を超えても4人にひとりは経験なし、というのは、若者とは逆の意味で心配である。しかし別の調査では、未だに「婚前交渉は認めない」という人が22％もいるというから（ただし未婚・既婚を問わない16歳以上の男女が対象）、本人は大事に「守って」いるつもりかもしれないが。

　もっとも、**日本人はセックスについて、あまりオープンに話すほうではない。年齢が高くなるにつれてこの傾向は強く、質問に答えない「不詳」率も上がっていく**。これは「今さら童貞（処女）とは言えない」のか、「経験があるなんて恥ずかしくて答えられない」のか。どっちに転ぶかで処女・童貞率も変わってくる。ちなみに厚生労働省が２０１１年に実施した「男女の生活と意識に関する調査」によると、「セックスに関心がない・嫌悪している」と回答した16歳から19歳の男性は36％で、前調査の倍に増えたそうだ。

　どこまで本音かわからないが、「草食化」は確実に進んでいるようだ。

処女率・童貞率

●未婚者の性経験の有無

男性

年	18～19歳 経験なし	経験あり	20～24歳 経験なし	経験あり	25～29歳 経験なし	経験あり	30～34歳 経験なし	経験あり
1987年	71.9	24.3	43.0	52.7	30.0	66.6	27.1	68.3
1992年	70.9	25.1	42.5	54.8	24.8	71.3	22.3	72.3
1997年	64.9	31.9	35.8	60.0	25.3	70.6	23.4	71.3
2002年	64.2	33.3	34.2	60.1	25.6	69.3	23.4	71.0
2005年	60.7	31.5	33.6	57.5	23.2	66.0	24.3	64.3

女性

年	18～19歳 経験なし	経験あり	20～24歳 経験なし	経験あり	25～29歳 経験なし	経験あり	30～34歳 経験なし	経験あり
1987年	81.0	17.4	64.4	31.9	53.6	40.0	44.4	38.8
1992年	77.3	20.7	53.0	42.0	44.4	46.9	40.9	49.8
1997年	68.3	28.2	42.6	52.8	34.1	58.3	28.8	61.3
2002年	62.9	32.3	38.3	55.7	26.3	64.8	26.6	62.8
2005年	62.5	31.8	36.3	54.2	25.1	60.4	26.7	55.0

■ 経験なし　■ 経験あり　□ 不詳

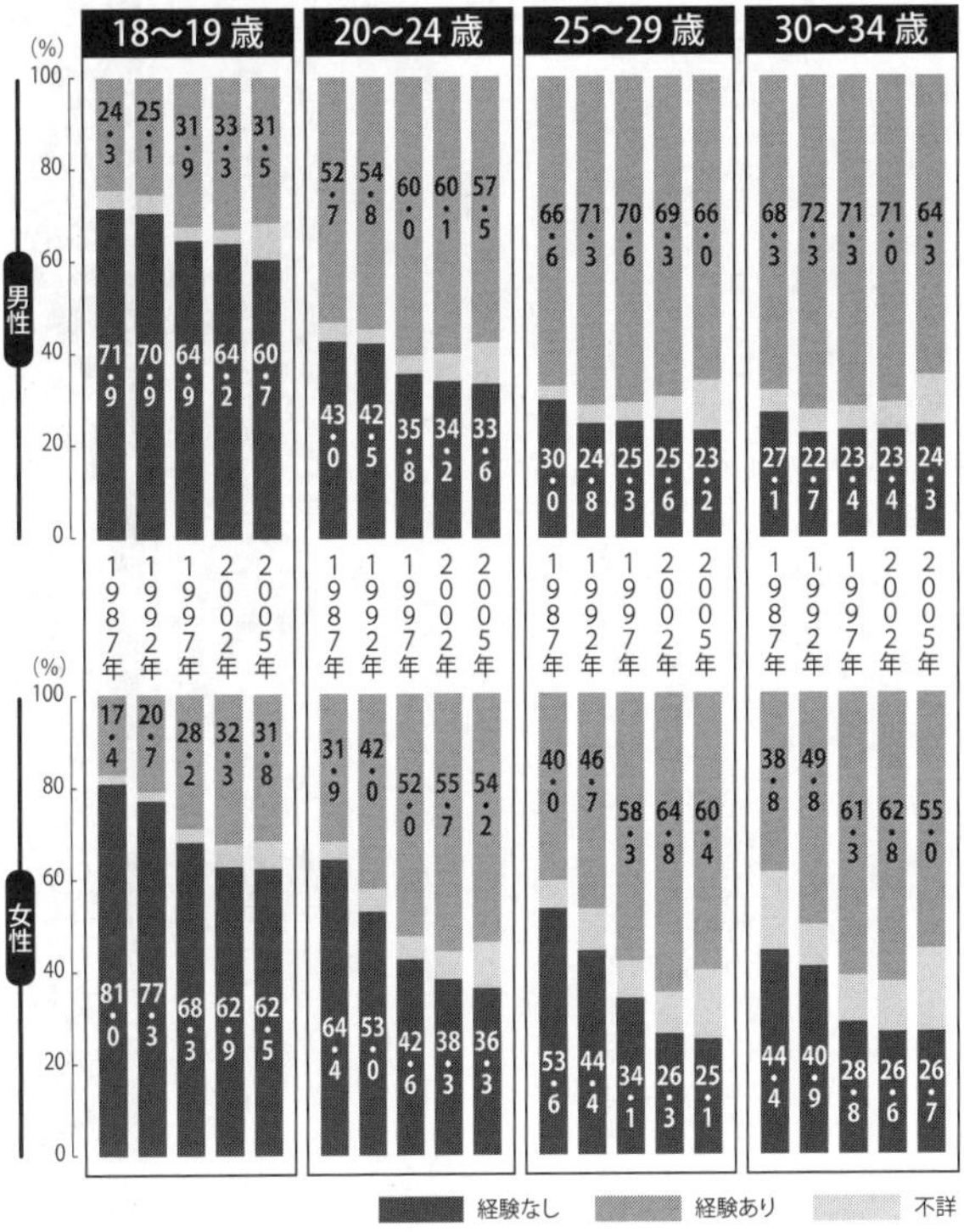

(出典：国立社会保障・人口問題研究所「第13回出生動向基本調査」)

「胃に悪いからコーヒーは飲まない」は正解？

コーヒーの倍以上もカフェインを含む飲み物が！

「コーヒーを飲むと、夜、眠れない」という人は多い。これはコーヒーに含まれる「カフェイン」の影響だということはよく知られている。カフェインには眠気を覚ます興奮作用があるので、刺激が強くて胃に悪い、というイメージが一般的だ。その代名詞がコーヒーというわけで、健康ブームの中では少々肩身の狭い存在かもしれない。しかしカフェインを含む飲料は、他にもたくさんある。コーヒーだけを悪玉（？）扱いできないのだ。主な飲料のカフェイン含有量を見てみよう。（数字はすべて100㎖当たりの含有量）

●レギュラーコーヒーの抽出液・インスタントコーヒー……約60㎎
●玉露……約160㎎

●煎茶……約20mg
●紅茶……約30mg
●ウーロン茶……約20mg
●コーラ飲料……約10〜13mg

（社）全日本コーヒー協会HPより抜粋

確かにコーヒーのカフェインは多いようだが、それ以上に玉露の含有量が群を抜いていて驚かされる。煎茶やウーロン茶は少なめだが、コーヒーや玉露よりも手軽なので、食事時など、一日に何杯も飲む機会があるはずだ。トータルすれば、カフェインの摂取量はかなりの数値になっているのではないだろうか。

もともとカフェインには覚醒作用や解熱鎮痛作用があり、医薬品にも利用されている。コーヒー一杯程度なら気分がスッキリして集中力が高まり、健康に害を及ぼすようなことはない。しかしどんな良薬でも摂りすぎは毒。毎日250mg以上摂取し続けると神経過敏や不整脈などの症状が現れ、「カフェイン依存」という病的な状態になることもあるらしい。またアメリカでは、高濃度のカフェイン入り栄養ドリンクを日常的に飲んでいると、アルコールで問題を起こしやすくなるという報告もある。くれぐれも飲みすぎにはご注意を。

飛行機は自動車より安全だった！

日本のエアラインは20年以上死亡事故ゼロ！

飛行機事故なんてめったに起こるもんじゃないとわかっていても、起こったら命にかかわることが多く、一抹の不安を感じる人は少なくないようだ。ネットや雑誌などでは、たびたび「航空安全ランキング」が取り上げられている。

アメリカの任意団体「エアセーフ」は、1970年以降のデータから「エアライン別航空事故死亡率」を発表しており、それを見ると死亡事故の多いエアラインが一目瞭然だ。**アジア・オセアニア地域のランキングによると、事故件数ゼロはオーストラリアのカンタス航空と、1991年に運航を開始したエバー航空のみ。**全日空は1971年の雫石事故1件だけだ。日本航空はあの1985年の御巣鷹山墜落事故など5件の事故を起こしている。蛇足ながら付け加えておくと、全日空は1966年に立て続けに2件の大きな事故があり、逆に日航は1960年代までは死亡事故ゼロを誇っていた。「1970年以降」という線引きがなければ、両者にこれほど差は出なかったかもしれない。

成績が悪かったのは台湾やインド、東南アジアのエアラインだ。事故死亡率は飛行便数と事故件数、死亡者数などをもとに出しているので、事故件数が同じでも、運行便数が少なかったり、犠牲者数が多ければ死亡率は高くなる。中華航空（台湾）の運行便数は全日空の5分の1程度ですでに10件もの事故を起こしており、アジア地域では最低ランク。中国はデータが公表されていないので評価は難しいところだ。何だか乗るのが怖くなってしまうが、しかしこれらは、あくまでも過去のデータから導き出したランキング。利用者が知りたいのは、自分がこれから搭乗する飛行機の危険度だろう。

事故原因の7〜8割は人的ミス

飛行機事故の原因はさまざまだが、安全かどうかを判断するにはいくつかのポイントがある。**まず大事なのは機体の状態**だ。何万時間もフライトを繰り返すうちに金属疲労や腐食が蓄積するのは飛行機の宿命だが、そこから破損や亀裂が生じて大惨事を招いた例は多い。そのため、機体は新しいほうが安全だと言われている。もちろん古くても丁寧に整備されていれば問題ないが、経費節減のために自社の整備部門を縮小し、外部委託に頼っている会社は要注意だ。

また、1件の重大事故が起こる前には、その予兆のような小さなトラブルが頻発しているという説もある。たとえば離陸後に行き先を変更したり、滑走路からずれてしまったり。**事故というほどではないにしても、トラブルが続くエアラインは何か根本的な問題を抱えている可能性が高く、避けたほうが無難だ。**

このように過去の死亡事故件数だけでなく、各エアラインの経営状態や運航体制など総合的に評価して格付けしたものが、「ニューズウィーク日本版」（2007年）で発表された。それによると上位には欧米諸国のエアラインがズラリと並び、我らが全日空は43位、日航（インターナショナル）は52位だ（国際航空運送協会加盟300社中）。ちょっとがっかりな順位だが、このランキングは過去12年間のデータから出しているので、どちらも安全指数は高評価。しかし全日空のほうが新機種を揃えているために、総合評価で差がついたようだ。

一方、安全性は重要だけれど、実際に海外旅行などで国際線を利用する場合、やはり値段の安さや乗り心地、サービスなどで選ぶ人も増えている。

格安料金が売りの新興エアラインが人気だが、まだ社歴が浅いので他社と比べるほどのデータが揃っていないのが現状だ。ピカピカの新しい機種で運航し、事故件数ゼロとなれば、ランキングの順位は悪くないものの、格安料金を維持するために乗務員やスタッフに相当無理をさせているという告発もある。一般に事故原因の7～8割は人的ミスとも言われているので、安全性の本当の実力がわかるのはこれからかもしれない。

とはいえ、日本では毎年、延べ1億人以上が航空機を利用している時代だ。最後に不安を払拭して、ホッとできる数字を紹介しよう。国際民間航空機関によると、2008年の全世界の年間航空事故発生件数は11件、死亡者は439人。これは1000万便あたり約4件の割合だという。ちなみに同年の日本国内の交通事故死者数は7499人（厚生労働省データ）。自動車に乗るより、はるかに安全ということだ。どうぞご安心を。

ヨーロッパ

航空会社名	事故死亡率	フライト数(万)	事故件数
エアリンガス／エアリンガスコミューター	0.00	120	0
オーストリア航空	0.00	75	0
イージージェット	0.00	76	0
フィンランド航空	0.00	170	0
アイスランド航空	0.00	39	0
ヴァージン・アトランティック航空	0.00	15	0
ブリティッシュ・エアウェイズ	0.17	827	3
スカンジナビア航空	0.19	540	2

航空会社名	事故死亡率	フライト数(万)	事故件数
ルフトハンザ航空／コンドル	0.22	730	4
エールフランス／エールフランスヨーロッパ	0.72	590	8
アリタリア航空	0.73	390	3
イベリア航空	0.80	450	4
KLM／KLMシティホッパー	0.81	240	3
TAPポルトガル航空	0.94	85	1
オリンピック航空	1.52	180	3
トルコ航空	3.60	210	10

中近東・アフリカ

航空会社名	事故死亡率	フライト数(万)	事故件数
エミレーツ航空	0.00	不明	0
チュニスエア	0.00	30	0
エルアル航空	0.03	34	1
クウェート航空	0.06	35	1
南アフリカ航空	0.63	160	1
サウジアラビア航空	0.93	215	4
ロイヤル・エア・モロッコ	1.54	65	2

航空会社名	事故死亡率	フライト数(万)	事故件数
ケニア航空	2.85	33	1
イラン航空／イランエアツアーズ	3.72	113	5
エチオピア航空	4.06	50	3
エジプト航空／エアシナイ	7.60	75	7
ロイヤルヨルダン航空	7.99	34	3
エア・ジンバブエ	11.54	16	2

※フライト数は1970〜1999年の数字
※事故件数は1970年からの数字

航空事故率は毎年減少し続けているという。金属疲労や腐食が少ない新しい素材を使った軽くて丈夫な次世代機種も開発され、空の旅はますます快適で安全なものになりそうだ

（出典：AirSafe.com"Plane Crashes by Region of the World"）

主な航空会社別の事故死亡率

アジア・オセアニア

航空会社名	事故死亡率	フライト数(万)	事故件数
カンタス航空	0.00	102	0
エバー航空	0.00	不明	0
全日本空輸	0.22	464	1
ニュージーランド航空	0.74	135	1
マレーシア航空	0.92	180	2
アシアナ航空	1.14	54	1
日本航空	1.36	244	5
キャセイパシフィック航空	1.45	69	1
シンガポール航空/シルク航空	1.50	100	2
タイ国際航空	1.60	105	3

航空会社名	事故死亡率	フライト数(万)	事故件数
フィリピン航空	2.47	171	8
ガルーダ・インドネシア航空	2.53	196	9
大韓航空	2.58	130	7
パキスタン国際航空	4.55	140	8
エア・インディア	4.89	44	3
中華航空	7.16	90	10
中国国際航空	不明	不明	2
中国国際航空以外の中国の航空会社	不明	不明	18

北米

航空会社名	事故死亡率	フライト数(万)	事故件数
ハワイアン航空	0.00	66	0
ジェットブルー航空	0.00	35	0
サウスウエスト航空	0.00	1526	0
デルタ航空	0.17	2480	7
USエアウェイズ	0.28	1763	9
ユナイテッド航空	0.31	2190	11

航空会社名	事故死亡率	フライト数(万)	事故件数
エア・カナダ	0.33	475	3
アラスカ航空	0.33	613	3
アメリカン航空	0.40	2508	13
エアトラン航空	0.94	106	1
ミッドウエスト航空	1.92	52	1

中南米

航空会社名	事故死亡率	フライト数(万)	事故件数
エア・ジャマイカ	0.00	29	0
TACA航空	0.08	25	1
メキシカーナ航空	0.53	190	1
アルゼンチン航空	0.60	167	2
ラン航空	0.68	50	2
ヴァリグ・ブラジル航空	0.90	245	3

航空会社名	事故死亡率	フライト数(万)	事故件数
アエロメヒコ航空	1.76	216	4
タメ航空	2.90	69	2
アビアンカ航空	3.01	127	4
TAM航空	7.40	60	8
クバーナ航空	18.53	33	8

自転車はどこからスピード違反？

事故で5000万円の罰金も!?

環境や財布にやさしく健康にも良いということで、最近また自転車が見直されているようだ。しかし利用者が増えれば、それだけトラブルも増えるもの。自転車には免許が必要ないし、講習を受ける義務もない。誰でもすぐに公道を走れるので認識があいまいになりがちだが、**法律上は「軽車両」に分類される。つまり自動車と同じ「車両」なのだ。**そのため、例外はあるものの、基本的に歩道を走ってはいけないし、区間ごとに決められている制限速度も守らなくてはならない。

ところがおかしなことに、**自転車には法定速度が定められていない**のである。原動機付き自転車（電動アシスト自転車とは別物）はエンジンのみで走るので、バイクと同じく免許が必要だ。法定速度も時速30㎞と決められている。しかし自転車にはそういう縛りはなく、もし可能なら、乗用車並みのスピードで疾走してもかまわないということになる。

一般人が自転車で時速60㎞を出せるとは思えないが、歩行者や車のすぐ脇を猛スピードで走り抜ける自転車に、ヒヤリとした経験は誰にでもあるだろう。自転車産業振興協会では、安全に運転するための「常用速度」を時速10〜15㎞としているものの、法律で規制されていない以上、取り締まることもできない。

警察庁のまとめによると、自転車がらみの事故は、交通事故発生件数全体のおよそ20％。これは自転車側に過失があったケースの数字だ。２０１０年には、６５２人が事故死している。

軽微なルール違反でも書類送検の可能性が

スピードの規制がないからといって、自転車の無謀運転が野放しというわけではない。**道路交通法では自転車に対してさまざまなルールを設けていて、違反者には厳しい罰則を課すようにしている。**左側通行や交差点での一時停止などの基本的なものは、違反すると3カ月以下の懲役、または5万円以下の罰金。二人乗りやジグザグ走行、携帯電話や傘をさしながらの運転も罰金の対象となる。「車両」扱いなので当然、飲酒運転も禁止だ。ほろ酔い加減で乗っていると、5年以下の懲役、または100万円以下の罰金が待っている。**自転車には免許がないので、自動車のように「違反切符」を切られたり、「免許停止」という行政処分はない。そのかわり軽微な違反でも書類送検され、裁判によって罰金の支払いを命じられる**のだから、ある意味、自動車より厳しいかもしれない。

また、自転車は人を傷つけたり、死に至らしめる凶器にもなりうる。その場合、「重過失致死傷罪」に問われる可能性もあるし、被害者に対して損害賠償を支払わなくてはならない。しかも自動車と違って、中高生でも重大事故の加害者になる可能性がある。高校生の自転車が歩行者に衝突し、相手に大怪我を負わせ、5000万円の賠償金の支払命令が出た、などという例も実際にある。やっかいなことに、一般的な自動車保険や傷害保険などには、自転車で加害者になったときの補償が含まれていないことが多い。こうなると「お財布にやさしい乗り物」などと言ってる場合ではないのである。

自転車に法定速度はあるか？

●自転車の常用速度

スポーツ車	15〜25 km/h	コンパクト車	10〜15 km/h
シティ車	10〜20 km/h	子ども車	8〜18 km/h
実用車	10〜15 km/h	幼児車	5〜8 km/h

（出典：JIS D9111:2005）

●交通死亡事故総数と自転車関連死亡事故数およびその比率

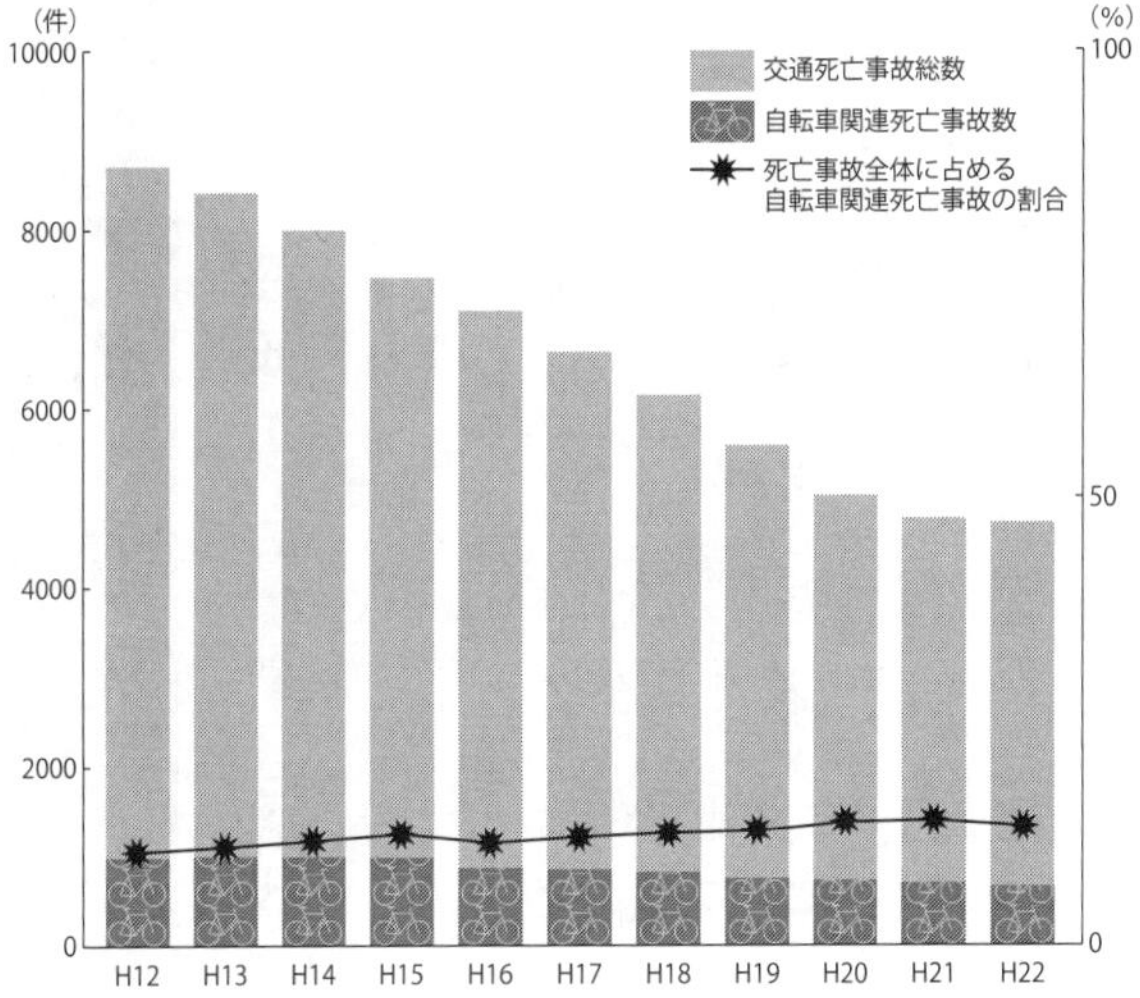

（出典：警察庁交通局「平成22年中の交通事故の発生状況」）

結婚式は本当に「ジューンブライド」が多い?

女性よりも男性がこだわる6月の花嫁

ジューンブライド（6月の花嫁）――6月に結婚した花嫁は幸せになれるという、欧米のロマンチックな言い伝えだ。日本でも定着していて、女性なら誰でも6月に結婚式を挙げたがるに違いない……などと考えるのは大きな間違い。彼女たちの考え方は、もっと現実的だ。ある結婚関連サイトの調査によると、**未婚女性が式を挙げたいと思っているのは「10月」がもっとも多く、ついで「5月」「4月」と続き、「6月」はまさかの4位**。複数回答にもかかわらず、全体の30％ほどしか、ジューンブライドを意識していないという結果だ。

ところが未婚男性たちの回答はというと、「6月」が堂々の1位。とくに20代の男性は50％が6月を希望している。男のほうがロマンチックなのか、それとも女性の結婚観に対して何か勝手な思い込みがあるのかもしれない。さらに**既婚者にいつ式を挙げたかを尋ねると、1位は「11月」。それから「3月」「10月」がほぼ横並びで続き、「6月」の順位はちょうど真ん中あたりまで落ち込む。**

6月が今一つ人気のない理由は、やはり天候らしい。梅雨時の蒸し暑い6月は敬遠されがちだ。どんよりした雨模様では、せっかくのウエディングドレスも映えないし、招待客たちも気が重いことだろう。秋や春のさわやかな季節に、新しい門出を迎えたいと思うのは当然だ。

また、30%以上の未婚者が海外での挙式にあこがれているものの、実際には国内での挙式が90%を超えている。しかもホテルでの、ごく一般的なウエディングが一番多いそうだ。挙式スタイルは女性主導で決定されることがほとんどなので、ここでもしっかり彼女たちの現実路線が反映されているようだ。

ところで、ジューンブライドにはけっこう冷淡な女性たちだが、例外的に6月の挙式数が増えた年があった。それは1990年と1993年。どちらも6月に皇室のご成婚があったからだ。欧米の言い伝えよりも、日本のロイヤルファミリーにあやかりたい、ということだろう。

「三歳児神話」は作られた真実！

国の都合で推進されたり否定されたり

「子どもは3歳までは母親の手で育てないと、その後の成長に悪影響を及ぼす」

これが「三歳児神話」だ。「悪影響」というのは、例えば心身の発達が遅れたり、成長してから問題行動を起こしやすくなるなど、何らかの問題を生じるということだ。この理論は世の中に広く浸透していて、0歳児から保育所に預けて働きに出る母親には何となく世間の目は冷たいこともあり、母親自身も後ろめたさを感じるものだ。しかし、実際は「悪影響」を及ぼすという科学的根拠はないのである。

もちろん子育てに愛情は不可欠だが、母親が終始べったりと寄り添って世話を焼く必要はない。要は愛情の「量」ではなく「質」の問題なのだ。もっとも、

「量」が確保できないなら、どうやって「質」を高めればいいのか、という意見もあり、「神話」扱いに異義を唱える専門家も多い。

それはさておき、**根拠があやふやな「三歳児神話」が、なぜここまで浸透したかというと、どうやら政治的に利用されたフシがある。最初に注目されるようになったのは、1960年代の高度経済成長時代に入ってから。児童福祉関連の審議会の中で、母親の子育ての重要性が強調されたのだ。**当時の妻の役目は、企業戦士の夫を支え、専業主婦として家庭を守ること。女は家にこもって企業戦士ジュニアをしっかり育てろ——そんな思惑がすけて見える。さらに景気が低迷してくると福祉予算がカットされ、保育所の需要が増えても新設する余裕はなくなった。そこで「保育は家庭で」と、ますます「神話」が強調されたようだ。

ところが**1998年度版の「厚生白書」では、「三歳児神話に合理的な根拠はない」と明記している。**政府のこの心境の変化は、不況からなかなか抜け出せない状況をどうにかするには母親たちも働かせて、税収や消費を増やしたほうが得策だと気づいたからだろうか。

温度計より暑く感じるのはなぜ？

体感温度を決めるのは湿度や風

我々が「暖かい」とか「寒い」と感じるのは、もちろん気温のせいだ。しかし温度計が28℃を指していても、「カラッと」していればさわやかで暑さは気にならないが、「じとじと」していれば蒸し暑くて不快だ。こういう人間の温度感覚を数値で表したものを「体感温度」と言う。体感温度は気温のほかに湿度や風、放射熱、そして運動量や着衣などにも左右される。

体感温度は計算式で出すことが可能だ。「**ミスナール体感温度**」**は湿度に着目した計算式で、湿度は上がれば上がるほど、暑さ寒さを強調する働きがあるらしい。湿度が高いと、夏はより暑く、冬はより寒く感じるのだそうだ。**夏になると話題になる「不快指数」も、気温と湿度から計算して求められる。

都市別の不快指数と体感

（2010年の月ごとの平均気温・湿度より算出）

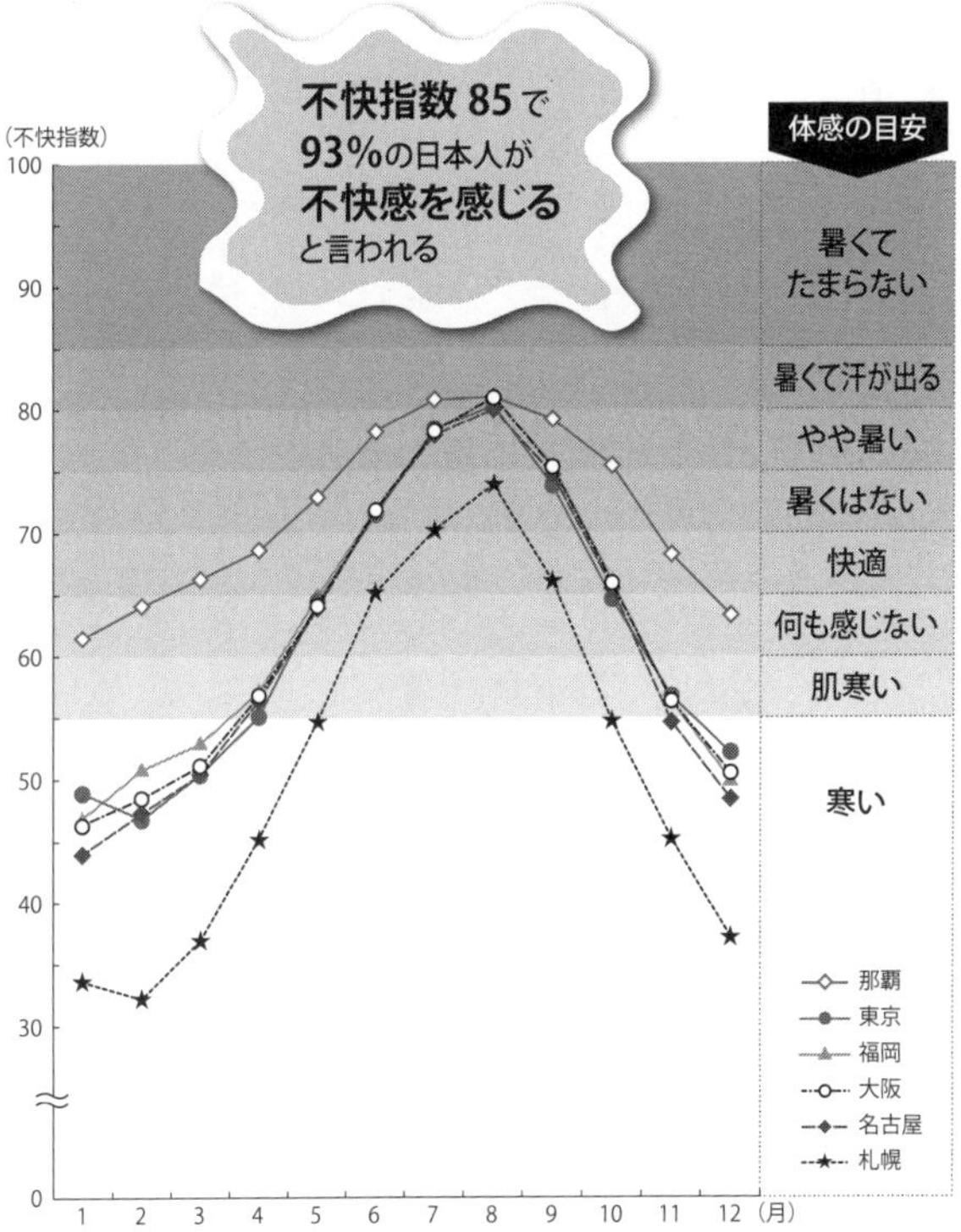

※平均気温・平均湿度のデータ元は気象庁の過去の気象データより
※体感レベルは温度と湿度のみで決まるわけではなく、あくまで目安

我々は体温が高くなると汗をかくが、汗は蒸発するときに体の熱を奪ってくれる。しかし湿度が高いと汗が蒸発しにくくなり、熱は体内にこもったまま。体の表面はいつまでもベタベタして、不快な暑さを感じるのだ。

もうひとつ**「リンケ体感温度」は風と気温の関係を計算する方法で、風が1m強くなると、体感温度は1℃下がるという。体温を風に持って行かれるからだ。**木枯らしが吹く日は寒さがいっそう身にしみる、というわけだ。また、環境が同じでも、体感温度には個人差がある。**暑さに対しては男性や若者のほうが強く感じる。**エアコンの温度設定で揉めるのは仕方ないのかもしれない。

ところで、天気予報でよく耳にする「真夏日」「真冬日」とは、その日の気温を一言で表すのに便利だが、もっと大切な役目がある。これらの特殊な気温の日を集計して分析すると、長期的な気候変動を予測する上で重要な情報になるのだ。例えば、都市部ではここ数年、夏日が増え、冬日が減少する傾向にあり、温室効果ガスによる地球温暖化が進んでいると推測される。観測史上最高気温を塗り替えた地点が全国に点在しているのも不気味だ。今後100年の間に夏日が15～30日増え、冬日はそれ以上に減少すると言われている。

東京の真夏日・猛暑日・熱帯夜・冬日の推移

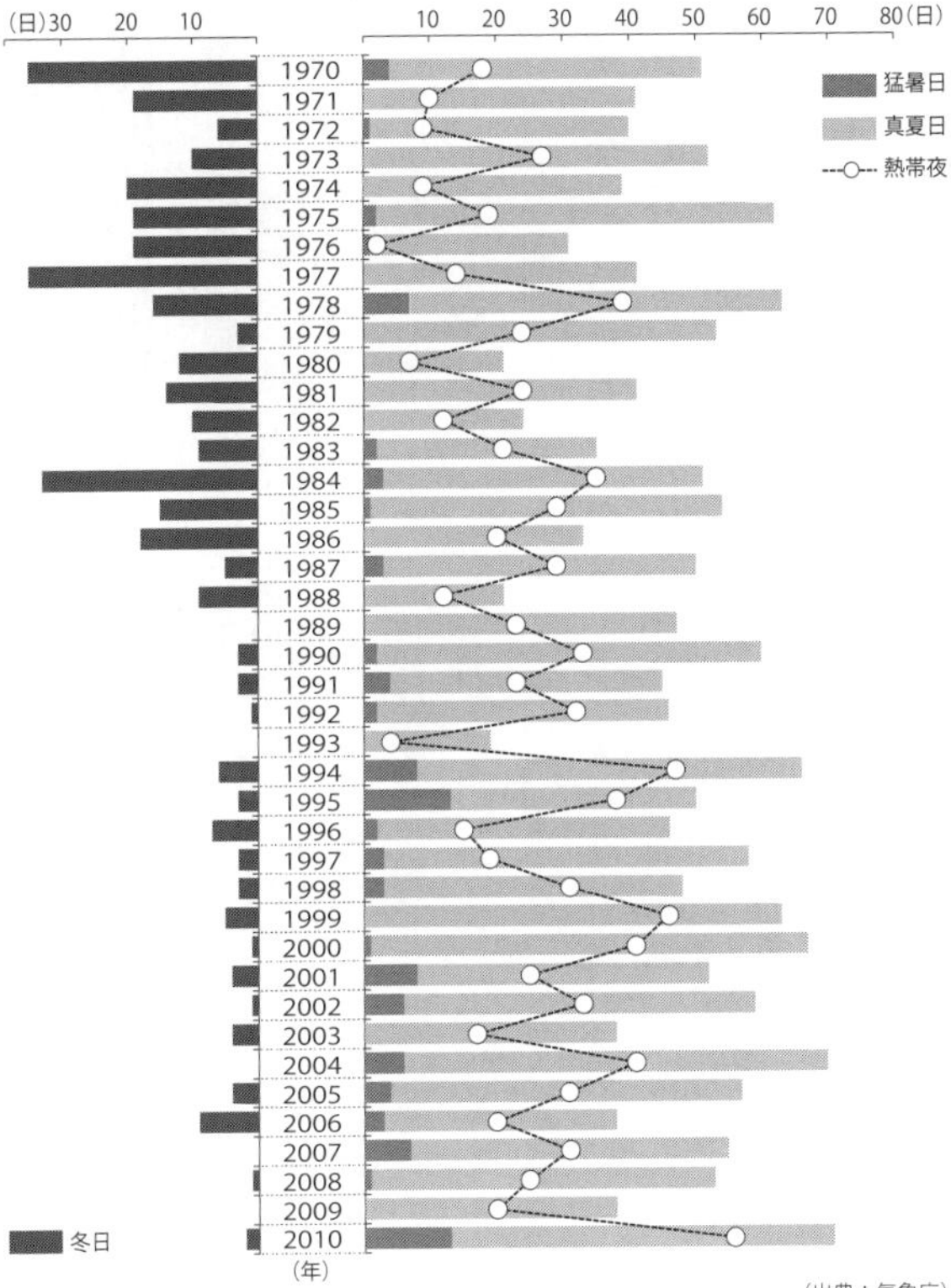

(出典：気象庁)

低気圧と高気圧の境い目は何気圧なの？

台風の中心気圧はもう実測していなかった！

「冬型の高気圧が張り出して」とか「熱帯低気圧の影響で」など、天気予報でよく耳にする「高気圧」と「低気圧」。台風の「中心気圧」も気にはなるものの、よくわからないと、聞き流してしまう人が多いのではないだろうか。「気圧」というのは、文字通り「空気の圧力」のこと。空気も重力に引っ張られているので、その分、圧力があるのだ。しかしその値は一定ではなく、気温や風などの影響を受けて、日々刻々と変化している。例えば、冷たい空気は重いので、上空からどっしりと下の空気を押さえつけ、圧力が高くなる。これが「高気圧」だ。反対に空気が暖められて膨張し、上昇すれば圧力の低い「低気圧」となる。

高い、低いというものの、「○hPa（ヘクトパスカル）以上（以下）から高（低）

気圧と呼ぶ」というような基準はない。周囲の気圧との比較で判断するそうだ。同じ1010hPaでも、高気圧のときもあれば低気圧のときもあるわけだ。

一般に低気圧は上昇気流を伴うので雲が発生しやすく、天候が荒れやすい。その最たるものが台風だ。中心気圧が低ければ低いほど強い台風ということになる。1979年に発生した台風20号の中心気圧は870hPa。観測史上もっとも低い気圧といわれている。死者・行方不明者67名と大きな被害を出した。

ところで、気圧は通常、世界各地の気象台や測候所で毎日決まった時間に計測される。**しかし台風の中心気圧だけは、実際に測定した数値ではない**。以前は米軍の観測用飛行機が台風の中に突入し、命がけで計測していたが、1987年に終了した。現在では気象衛星画像を、今まで蓄積してきた観測データをもとにして読み解き、「だいたい○hPaぐらい」と推定しているにすぎないのだ。そのため、本当はもっと強い台風なのではないかと、この推定法を疑問視する声もあるらしい。しかし日本に上陸して、運良く中心気圧を実測できたケースでは、推定値とほとんど変わらなかったそうだ。もっとも、雨風の正確な状況を教えてもらえるなら、気圧の正確な数値は我々には関係ないとも言えるが。

どうして宇宙ステーションは落ちてこないの？

時速2万8000㎞の猛スピードと遠心力のおかげ

宇宙空間に巨大な施設を建設して、世界各国の人々が長期滞在しながら研究や実験を行う……。国際宇宙ステーション（ISS）はほとんどSF映画の世界だ。となると何となく「銀河系」やら「光年」という遥か彼方の宇宙を思い浮かべてしまうが、ISSは地球のかなりご近所にあるのである。

太陽系を1億分の1に縮小して考えるとわかりやすい。そうすると太陽は直径14mぐらい。地球はそこから1・5㎞ほど離れた場所にあり、直径約13㎝程度だ。月は直径約3・5㎝で、地球のすぐ近くにあるようなイメージだが、この尺度でも約3・8mも離れている。ではISSはどこら辺に浮いているかというと、**地球から高度400㎞。つまり直径約13㎝の地球なら、わずか4㎜の**

隙間を空けてピッタリ張り付いている、といった感じだ。

そこまで地球に近いなら、どうして引力に引っ張られて落下しないのか、という疑問がわいてくる。専門家がよく例えとして用いるのが、ボールを投げた時のスピードと落下の関係だ。速い球を投げると、やがては引力の影響で自然に落下するものの、飛距離を伸ばすことはできる。理論上は、ある一定以上のスピードで投げれば、ボールは地面に落ちることなく地球を回り続けるのだそうだ。その速さは実に秒速7・91㎞以上！　このスピードなら下に引っ張ろうとする引力と、前に進もうとする速度とが拮抗して、ボールは落下しない。そして遠心力が働き、引力とのバランスを取ることで、同じ軌道を回り続けることが可能だ。ＩＳＳに限らず、人工衛星などはすべて同じ原理だという。

地球から離れれば離れるほど引力の影響が弱くなるので、その分、スピードを遅くしても軌道に乗ることができる。地球に寄り添っているＩＳＳの場合は、時速2万8000㎞という猛烈なスピードが必要だ。時折公表される画像からは想像できないが、**約90分で地球を1周**しているのである。**気象衛星「ひまわり」**などは、**ＩＳＳよりはるかに遠い高度3万6000㎞にいる。地球の自転**

速度と同じ速さで地球をまわっており、地上からは止まっているように見えるため「静止衛星」と呼ばれている。

エレベーターで宇宙に行くことが可能に？

宇宙レベルで見るとISSの高度は低すぎて、なんだか物足りないけれど、この国際的なプロジェクトのおかげで、月面基地の建設や、火星探索ががぜん現実味を帯びてきた。SF的ロマンはふくらむばかりだ。

最近では「宇宙エレベーター」の開発が本気で論じられるようになってきた。これは前述の静止衛星と地上とをケーブルでつなぎ、そのケーブルに昇降機を取り付けて人や物資を宇宙に運ぶという計画だ。理論的には可能でも、過酷な宇宙環境に耐えるようなケーブルは作れないとされてきた。**しかし1991年に「カーボンナノチューブ」という新素材が発見され、もはや夢物語ではなくなったという。**爆発や墜落の危険が伴うロケットよりも環境にやさしいし、特別な訓練を受けなくても宇宙旅行が楽しめるようになるかもしれない。透明チューブの中を宇宙見物しながら移動できたらSF漫画そのものだ。

意外と低い？　ISSの高度

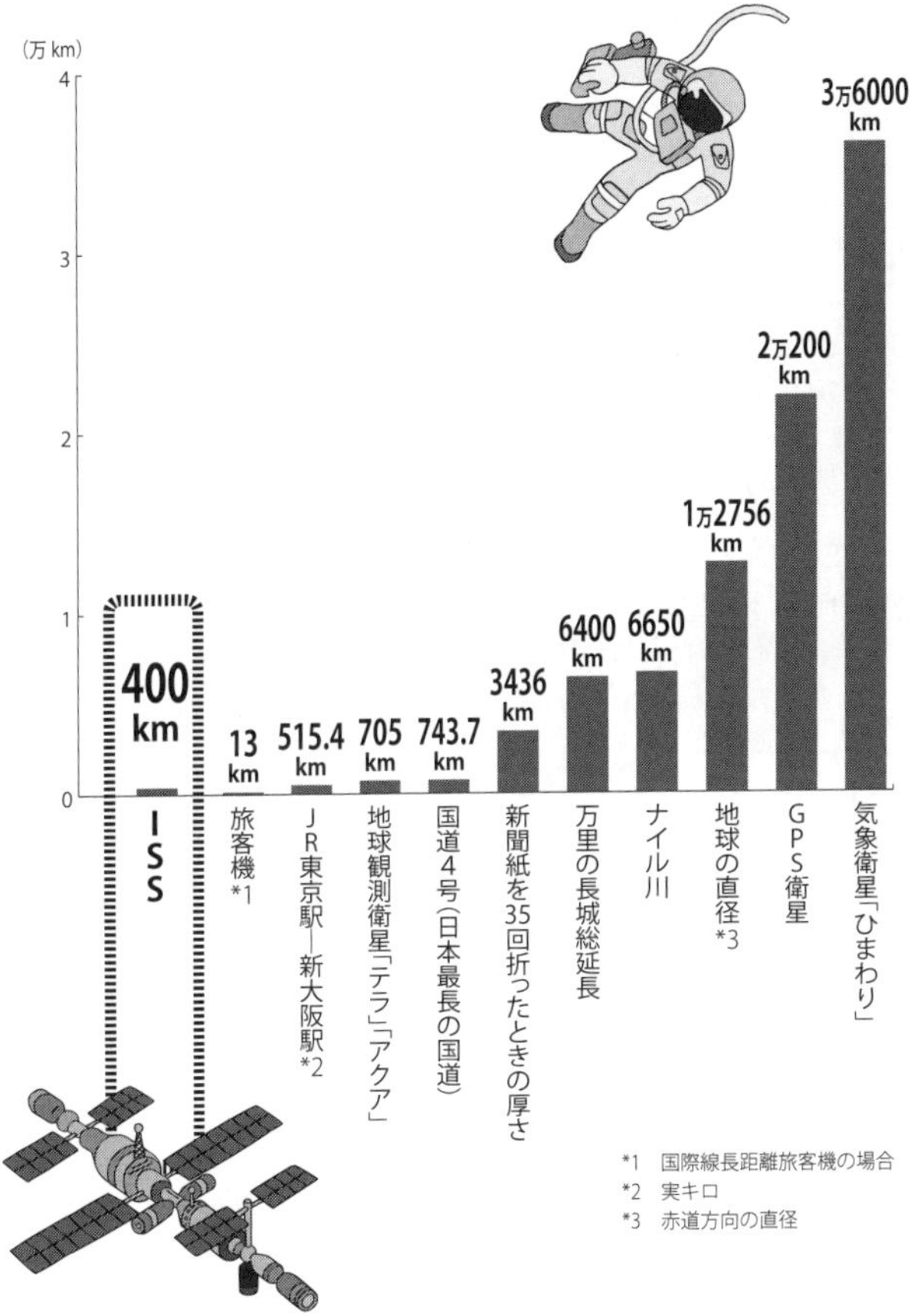

*1　国際線長距離旅客機の場合
*2　実キロ
*3　赤道方向の直径

参考文献

朝日新聞／読売新聞／毎日新聞／日本経済新聞／産経新聞／四国新聞
「日本人が知りたい地震の疑問 66 」島村英紀著・ソフトバンククリエイティブ刊
「国際宇宙ステーションとはなにか」若田光一著・講談社刊
「なぜ人は宝くじを買うのだろう 改訂版―確率にひそむロマン」岸野正剛著・化学同人刊
「統計数字を疑う なぜ実態とズレるのか?」門倉貴史著・光文社刊
「本当は嘘つきな統計数字」門倉貴史著・幻冬舎刊
「墜ちない飛行機　安全なエアライン、機種を選ぶ」杉浦一機著・光文社刊
「視聴率の正しい使い方」藤平芳紀著・朝日新聞社刊

[WEB サイト]
首相官邸／国土交通省／厚生労働省／法務省／文部科学省／農林水産省／気象庁／防衛省／警察庁／警視庁／資源エネルギー庁／消費者庁／総務省統計局／日本弁護士連合会／地域がん登録全国協議会／国立がん研究センターがん対策情報センター／財団法人がん研究振興財団／ジャパン・ウォーター・ガード／大学 Times ／住宅金融支援機構／住宅ローン口コミ評判ランキング／電気事業連合会（でんきの情報広場）／東京電力／日本標準時グループ／一般社団法人宇宙エレベーター協会／日本スペースガード協会／豊かさの国際比較研究所／日本の人事部／日経ビジネスオンライン／ウォールストリートジャーナル日本版／ジャパンビジネスプレス／社会実情データ図録／ All About ／ web R25

雑学チーム101

90年代より、20冊を超える雑学本を制作してきた黒子集団。
ジャンルは、経済、ビジネス、歴史、海外事情、県民性など多岐に渡る。
チーム名の101という数字は、「永遠」「無限」を意味する。

だいわ文庫

数字《すうじ》のウソを見《み》破《やぶ》る法《ほう》

著者　雑学《ざつがく》チーム101

二〇一一年一一月一五日第一刷発行

発行者　佐藤 靖
発行所　大和《だいわ》書房
東京都文京区関口一－三三－四 〒一一二－〇〇一四
電話 〇三－三二〇三－四五一一
振替 〇〇一六〇－九－六四二二七

装幀者　鈴木成一デザイン室
本文・図版デザイン　田中明美
本文印刷　厚徳社
カバー印刷　山一印刷
製本　小泉製本

ISBN978-4-479-30360-2
乱丁本・落丁本はお取り替えいたします。
http://www.daiwashobo.co.jp

だいわ文庫の好評既刊

*スッキリきれい研究会
お風呂でやせる本
今日から始める「やせる習慣」
浴室は絶好のダイエット空間！　入るだけでカロリー消費、基礎代謝アップ、太らない体に体質改善。1ケ月3キロ減も夢じゃない！
650円
200-1 A

山﨑拓巳
夢を叶える17の法則
ベストセラー、待望の文庫化！　なぜあの人には「いいこと」が次々起こるのか⁉　人生が100倍楽しくなるシンプルな法則を伝授。
680円
201-1 G

*花輪陽子
かしこい節約生活
お金が貯まらない人の習慣をあっという間に大改革！ラクして会計の「金食い虫」を退治できる方法が満載。今日からマネーの断捨離。
630円
202-1 A

武田邦彦
原発と、危ない日本4つの問題
原発は今どうなってるの？私たちはどうすればいいの？テレビ・雑誌が伝えないことを日本一わかりやすく解説。話題作の文庫化！
680円
203-1 C

細谷功
いま、すぐはじめる地頭力
地頭力の訓練は「明日から」では遅い。仕事や恋愛、人生の問題を解決する思考の力を「いま、すぐ」呼び覚まそう！
735円
204-1 G

*金嶽宗信
心と体を整える朝坐禅
「坐る」だけで、不思議と雑念や怒りが消えて、物事がシンプルに考えられる！　心が大きくなる！　自宅でできる「心の大そうじ」。
680円
205-1 A

*印は書き下ろし

定価は税込み（5%）です。定価は変更することがあります。